パラリンピックのアスリートたち

乗りこえた壁の先に

―車いすテニス 三木拓也

文・金治直美

新日本出版社

もくじ

第9章 そして東京《とうきょう》へ

コラム

装丁・デザイン　周 玉慧
表紙写真　アフロスポーツ
コラムイラスト　野々村京子
校正　村井みちよ

プロローグ

左腕《ひだりうで》を空に向かって差《さ》し出《だ》すと、黄色い球《たま》が高くあがりました。拓也《たくや》の右手のラケットが、その球《たま》をとらえます。

パシッと小気味《こきみ》よい音をたてて、球《たま》はまっすぐに相手側《あいてがわ》のコートのまんなかに飛《と》びました。

（これだよ、この感触《かんしょく》、この音。ああ、おれ、テニスコートにもどれたんだ。またテニスがやれるんだ！）

けれども、相手コートから返ってきた球《たま》を打ち返すことは、できませんでした。

球《たま》が飛《と》んでくるところに移動《いどう》することが、こんなにむずかしいとは。かといって、自分の体に向かってきた球《たま》なら打ち返せるかというと、そう

プロローグ

はいきません。ラケットをかまえるために、とっさに体を引くことができないからです。

球《たま》は、拓也《たくや》の肩《かた》に当たって、地面に落ちました。

「いてっ。」

当たったところをおさえながらも、拓也《たくや》は笑《わら》っていました。

球《たま》を追いかけるよろこび、打つ楽しさが、全身をかけめぐります。

拓也《たくや》はハンドリム※を力いっぱいまわし、車いすを走らせました。

左ひざの腫瘍《しゅよう》によりテニスをあきらめてから、およそ1年半。

拓也《たくや》はその名前のとおり、車いすテニスとの出合いをきっかけに、新《あら》たな夢《ゆめ》への道を拓《ひら》いていったのです。

※ハンドリム…車いすの車輪《しゃりん》の外側《そとがわ》にある、ひとまわり小さい輪《わ》。

ロンドンとリオデジャネイロ、ふたつのパラリンピック連続《れんぞく》出場をはたし、さらに東京《とうきょう》パラリンピック出場をめざす若《わか》きアスリートの、進撃《しんげき》のはじまりでした。

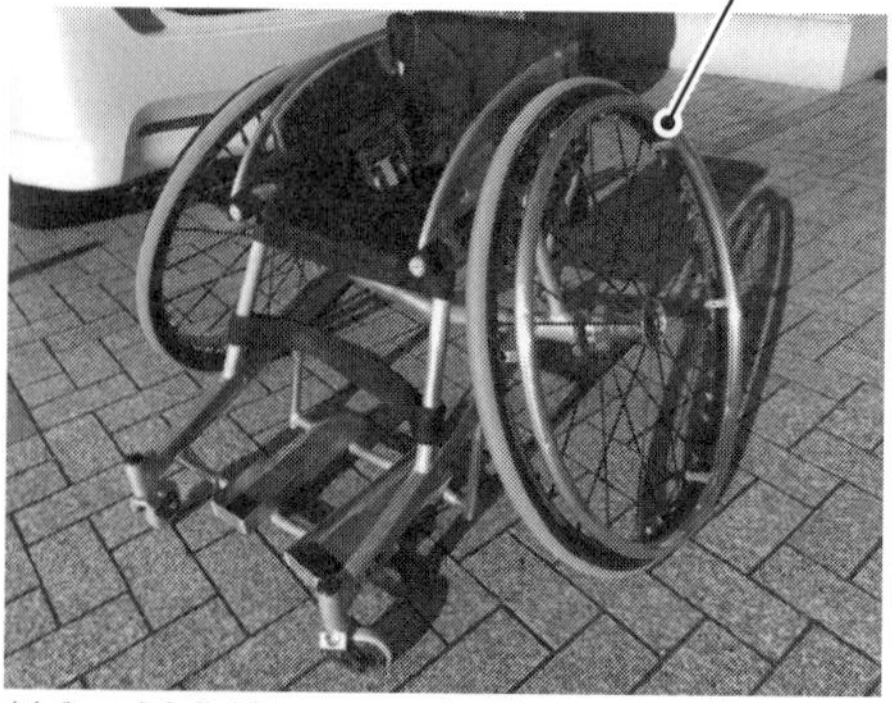

拓也《たくや》の競技用《きょうぎよう》車いす。車輪《しゃりん》はハの字形《じがた》をしている。（競技用《きょうぎよう》車いす→ 142 ページ）

第1章

心優《やさ》しいスポーツ少年

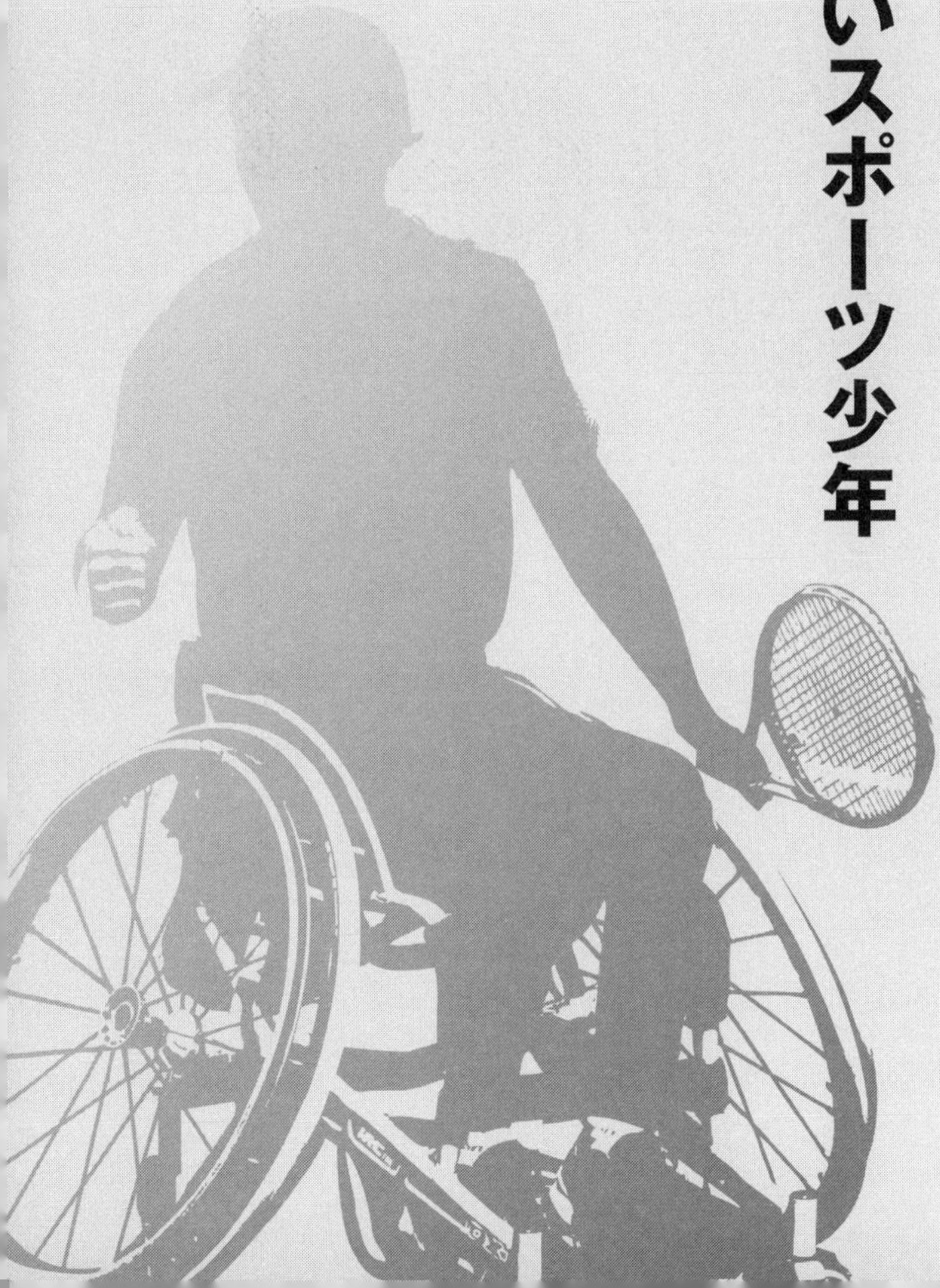

元気いっぱい、けがもいっぱい

三木拓也《みきたくや》は、1989年4月30日、父・整《ひとし》さん、母・直実《なおみ》さんの長男として生まれました。2年後、ふた子の弟・航太《こうた》と翔伍《しょうご》が生まれ、祖母《そぼ》のマスノさんとの6人家族となりました。

家は島根《しまね》県出雲《いずも》市にあります。日本海《にほんかい》がほど近く、緑も多く、荘厳《そうごん》な出雲《いずも》大社《たいしゃ》がそびえる歴史《れきし》の古い街《まち》です。

拓也《たくや》は赤ちゃんのころから活発《かっぱつ》で、いつもちょこちょこ動きまわっていました。その分、けがの多い子でもありました。

「うぎゃーああ！」

拓也《たくや》の泣《な》き声《ごえ》がひびきます。

「きゃーっ、拓也《たくや》！」

お母さんが、真っ青になってかけよりました。歩けるようになったばかりの拓也《たくや》が、家の階段《かいだん》から落ち、ひたいから血を流しています。だきかかえてすぐに病院へ運びましたが、ひたいには大きな傷《きず》ができてしまいました。

保育園《ほいくえん》のころには、救急車《きゅうきゅうしゃ》で運ばれるようなけがもしました。園庭を走りまわり、コンクリートの小山のトンネルにもぐって向《む》こう側《がわ》にぴょんと顔を出したその瞬間《しゅんかん》に、上からなぜかフライパンが落ちてきたのです。

ゴーン！

「ぎゃっ！」

フライパンは拓也《たくや》の顔を直撃《ちょくげき》しました。園児《えんじ》たちが小山の上でままごとをしていて、うっかり手をすべらせたのです。それは、小さくても本物の鉄製《てっせい》のフライパンでした。

「先生、来てえーーっ！　せんせーい！」

園児《えんじ》たちが泣《な》き出《だ》しました。拓也《たくや》の顔は血まみれになっていたのです。

「うわっ、拓也《たくや》くん！　しっかりして！」

先生たちがかけつけてきて、大さわぎです。でも拓也《たくや》は痛《いた》いのとあまりにびっくりしたのとで、何が起こったのかよくわからないまま、やってきた救《きゅう》急車《きゅうしゃ》に乗せられていました。

1歳《さい》。歩けるようになって。

そんなけがにも負けず、体を動かすことなら、木のぼり、竹馬、虫とり、魚とり、なんでも大好《だいす》きでした。

2歳《さい》半《はん》。保育園《ほいくえん》のうんていで、ポーズ。

1歳《さい》ごろ。地元の恵比寿《えびす》祭り。おばあちゃんと出かけるのが大好《だいす》きだった。

5歳《さい》。保育園《ほいくえん》の運動会で、のぼり棒《ぼう》にすいすい。

すぐに仲《なか》よし、小学校時代

小学校3年生の春休み、サッカーに夢中《むちゅう》になっていたころのことです。半月板《はんげつばん》という、ひざの関節《かんせつ》にある軟骨《なんこつ》を痛《いた》めて、2週間入院したことがありました。

入院中は車いすです。

「よーし、行くぞ！」

「よーい、どん！」

病室で仲《なか》よくなった同じ年の男の子と、車いすで競争《きょうそう》です。病院の長いろうかを、ふたりで笑《わら》いながら走りまわりました。

そんなふうに、拓也《たくや》は人見知《ひとみし》りせず、だれとでも仲《なか》よくなれる子でした。

夏はよく家族でキャンプに行きました。

「ぼく、三木拓也《みきたくや》。小学校3年生だよ。」

キャンプ場ではじめて出会った子にもそう話しかけ、すぐに友だちになってしまいます。

小さいころから怒《おこ》ったりふきげんになったりすることがあまりなく、争《あらそ》いごとが苦手《にがて》だったので、けんかになることはめったにありません。

たまには弟たちと取っ組み合いのけんかをしましたが、尾《お》を引くことはなく、いつのまにかいっしょに遊びだしていました。

そんな兄弟のようすを、おばあちゃんは、にこにこしながら見守ります。

8歳《さい》。弟の航太《こうた》と翔伍《しょうご》と。まんなかが拓也《たくや》。

おばあちゃんは、拓也《たくや》が保育園《ほいくえん》のときに交通事故《こうつうじこ》にあい、歩くのが少し不《ふ》自由《じゆう》でした。

拓也《たくや》は、手をかしたり物をとってあげたり、おばあちゃんの手助けをする、優《やさ》しい子に育ちました。

テニスの道へ

テニスのラケットにはじめてふれたのは、保育園《ほいくえん》に通っていたころのこと。テニスのコーチをしていたおじいちゃんに連《つ》れられてコートへ行き、ラケットや球《たま》にさわらせてもらいました。小学校に入ると、家族でよく遊びに行ったキャンプ場で、スポーツ好《ず》きのお父さんが、子ども用ラケットを使って打ち方を教えてくれました。

そのころはまだ、テニスひとすじではなく、お父さんと卓球《たっきゅう》をやったり、スイミングスクールやサッカースクールに通ったりしていました。学校ではドッジボールやバスケットボールなどにも熱中《ねっちゅう》していました。

そのうちに、サッカーなどの団体競技《だんたいきょうぎ》では、チームメイトとの気持ちのすれちがいに気づくことが出てきました。すごくがんばってボールをうばったのに、チームメイトがちゃんとパスを受けてくれなかったりすると、がっかりしてしまいます。

反対に、自分のプレーがうまくいかず、チームの足をひっぱるのもいやでした。

また、チームメイトとやる気の度合いがちがうこともあります。

「今日《きょう》は、残《のこ》ってもう少し練習しようよ。」

と、拓也《たくや》がさそっても、

「えーっ、まだやるの？」

「もういいよ。」

とことわられたりします。

（チームプレーはむずかしいなあ。ここで、もうひと押《お》し、みんなをうまくのせられたらいいんだろうけど……。でも、しかたないか……。それにくらべて、テニスはいいな。自分ひとりなら練習もしたいだけすることができる。ひとりでできるスポーツのほうが向いているかもしれないな。）


中学校に入ると、部活動ではテニス部を選《えら》びました。それまでお父さんと練習していた硬式《こうしき》テニスではなく、軟式《なんしき》テニスだったのが少し残念《ざんねん》でした。それでも拓也《たくや》は、だれよりも熱心《ねっしん》に練習しました。

家では、お父さんが相手になってくれました。お父さんは、庭にネットを張《は》ってミニコートをつくり、練習できるようにもしてくれました。さらに月2回は、ジュニア向けのテニス教室にも通いました。

人がよく、争《あらそ》いごとがきらいで、まじめな性格《せいかく》の拓也《たくや》は、学校の部活では、2年生の後半に部長に選《えら》ばれました。

「部長！　サーブがうまく入らないんだけど、どうしたらいい？」

「そう？　ちょっと打ってみて。」

めんどう見のいい拓也《たくや》は、後輩《こうはい》たちからの質問《しつもん》や悩《なや》みに、「どうしたらいいかな。」といっしょになって真剣《しんけん》に考える、優《やさ》しい先輩《せんぱい》でした。

また、拓也《たくや》は小さいころから熱帯魚《ねったいぎょ》が好《す》きで、こづかいをためて専門店《せんもんてん》で買った、カージナルテトラなどの美しい熱帯魚《ねったいぎょ》を飼《か》っていました。小さな流木《りゅうぼく》や水草《みずくさ》、石などを入れた、自分が工夫《くふう》してつくった水そうで、自由に泳ぎまわる熱帯魚《ねったいぎょ》を見るのが、楽しみでした。

めざすはテニスのトレーナー

中学3年生になり、進学する高校を選《えら》ぶころとなりました。

（高校では本格的《ほんかくてき》に硬式《こうしき》テニスをやりたいな。テニスの強い高校を選《えら》ぼう。）

しかし、お父さんからは反対されてしまいました。

「テニスにいっしょうけんめいになるのはいい。でも、将来《しょうらい》のことも考えなくちゃだめだ。大学進学はどうする？　それも頭に入れて高校を選《えら》びなさい。テニスが強いからという理由だけではだめだよ。」

（えーっ、おれは勉強よりも、テニスをやりたいのに。）

そんな思いがわいてきましたが、そっと胸《むね》にしまいこみました。

（けんかはしたくない。お父さんがおれのことを考えてくれているのも、わかるし――。）

拓也《たくや》は、お父さんの意見にしたがい、大学進学に実績《じっせき》のある島根《しまね》県立出雲《いずも》高校に進学しました。

同時に、念願《ねんがん》の硬式《こうしき》テニス部に入部。放課後《ほうかご》にコートをかけまわる毎日がはじまりました。早朝、ひとりでトレーニングをすることもありました。

すぐにおなかがすくので、お母さんがつくってくれる大きな弁当《べんとう》と3個《こ》のおにぎりを、いつも持っていきました。おにぎりは2時間目の休み時間にたいらげ、昼休みには弁当《べんとう》を、放課後《ほうかご》は売店でパンを買って食べ、スタミナをつけていました。

拓也《たくや》は、どんどんテニスの魅力《みりょく》にのめりこんでいきました。

（テニスは、上達《じょうたつ》も失敗《しっぱい》もすべて自分の責任《せきにん》なのが、わかりやすくていいな。それに、ただコートを走りまわって打ち合うだけの競技《きょうぎ》じゃない。イメージが大切なんだ。球《たま》をコントロールして、自分が思いえがいたところに打ち、イメージを形にする。それがおもしろいな。）

入学した高校は、スポーツの強豪校《きょうごうこう》ではないので、練習量《れんしゅうりょう》はそれほど多いわけではありません。拓也《たくや》はもっと練習したくて、テニススクールにも通うようになりました。家でも、お父さん、そしてテニス部に入った弟の翔伍《しょうご》といっしょに練習していました。

テニススクールでの練習は、午後6時から。それより早い時間には、小学生が練習しています。拓也《たくや》はウォーミングアップをかねて、子どもたちに混《ま》じって打つことがありました。そのうちに、子どもたちにアドバイスしたり練習相手をするようになりました。

「お兄ちゃん、ありがとう。今日《きょう》はうまく打てた！」

「そうか、よかったなあ！」

（自分のアドバイスで、子どもたちがコツをつかんでうまくなるのって、いいな。よろこんでもらえると、こっちもうれしくなるよ。）

高校3年生となり進路を決めるころには、拓也《たくや》の希望《きぼう》は定《さだ》まっていました。

（大学で、もっともっとテニスがやりたい。選手《せんしゅ》として、大学の4年間でどこまでいけるか、ためしてみたい。）

硬式《こうしき》テニスの公式戦《こうしきせん》の経験《けいけん》はまだ2年あまりでしたが、それでも、県大会では上位《じょうい》に進むことができました。

高校3年生のときの拓也《たくや》。テニスの試合《しあい》で。

拓也《たくや》は、自分はもっともっと強くなれるだろう、と感じていました。

（将来《しょうらい》は、テニスにかかわる仕事がしたい。テニスのコーチ※とか、やってみたいな。選手《せんしゅ》の体づくりにもかかわりたいからトレーナー※もいいかな。よし、コーチもできるトレーナーをめざそう。そのために、体育大学に入ろう。）

拓也《たくや》は受験《じゅけん》する大学を決め、実技試験《じつぎしけん》にそなえてますます練習に打ちこんでいきました。

そんなとき、拓也《たくや》の体に異変《いへん》が起こりました。受験《じゅけん》シーズンがせまってきた、2007年10月のころでした。

※コーチ…技術《ぎじゅつ》や戦術《せんじゅつ》を指導《しどう》する人。
※トレーナー…選手《せんしゅ》の体力強化や体づくり、体の調子を整えることなどを専門《せんもん》に指導《しどう》する人。

第2章

なんでおれなんだよ！

折《お》れたラケット

（あれ、なんだろう、この痛《いた》みは。）

いつからか、拓也《たくや》の左ひざに痛《いた》みがあります。

（また、ひざの関節《かんせつ》の炎症《えんしょう》かな。）

以前《いぜん》、ひざに水がたまってはれ、足が動かなくなったことがあったのです。しばらくようすを見ましたが、どうもそのときの痛《いた》み方《かた》とはちがいます。しかも、痛《いた》みは日に日に増《ま》していくようです。

11月、拓也《たくや》はお母さんといっしょに、病院の整形外科《せいけいげか》へ行き、検査《けんさ》を受けました。

できあがったレントゲン画像《がぞう》を、医師《いし》はけわしい顔でながめています。

拓也《たくや》の胸《むね》に、不安《ふあん》がよぎりました。

(なんだ？　骨《ほね》に黒いところがあるぞ。)

健康《けんこう》な骨《ほね》なら白くうつるはずなのに、左ひざの関節《かんせつ》の下の方に黒いかげがあります。

医師《いし》が短く告《つ》げました。

「すぐに、大学病院で検査《けんさ》を受けてください。」

数日後、拓也《たくや》はお母さんとともに、島根医科《しまねいか》大学(現在《げんざい》の島根《しまね》大学医学《いがく》部《ぶ》)の病院へ行きました。朝から昼過《す》ぎまでかかって、いくつもの検査《けんさ》をしたあと、告《つ》げられたのはこんな診断《しんだん》でした。

「できるだけ早く入院してください。左ひざの骨《ほね》に悪性《あくせい》の腫瘍《しゅよう》があります。」

医師《いし》のことばが、別《べつ》の世界からのように遠く聞こえてきます。

(悪性《あくせい》って？……腫瘍《しゅよう》って？……骨《ほね》にできるガン――？)

「治療《ちりょう》はすぐにはじめます。若《わか》いから、進行が速いんですよ。抗《こう》ガン剤《ざい》で少しでも腫瘍《しゅよう》を小さくして、それから手術《しゅじゅつ》になります。」

医師《いし》はたんたんと告《つ》げました。

「手術後《しゅじゅつご》は歩けるようにはなります。しかし、残念《ざんねん》ですが、もう運動はできません。」

何をいわれているのか、自分がこれからどうなるのか、よくわかりません。頭にかすみがかかったようです。

病院をあとにしたのは、午後3時を過《す》ぎていました。車のハンドルをにぎるお母さんがいいました。

「おなかすいたね。帰ったら、お弁当《べんとう》、チンして食べようね。」

無理《むり》に明るい声をつくっているのが、わかります。

朝、お母さんがつくった弁当《べんとう》が、拓也《たくや》のカバンのなかで冷《つめ》たくなっていました。診察《しんさつ》や検査《けんさ》の結果《けっか》、病気ではないことがわかり、それから高校へ行って、いつもどおり友だちと弁当《べんとう》を食べることができる――そうあってほしい、というお母さんの願《ねが》いのこもった弁当《べんとう》でした。

拓也《たくや》は何もいえませんでした。家に着くと、だまって自分の部屋にこもりました。

何も考えられません。すべてが、テレビや映画《えいが》のひとこまのようで、現実《げんじつ》に起こっていることとは思えません。

拓也《たくや》にわかったことは、もうテニスができない、ということだけでした。

(毎日コートをかけまわっていたのに？　体育大学に入って、もっと自分の力をためしたかったのに？　テニスのトレーナーになりたかったのに？　なんでだよ！)

拓也《たくや》は、自分でも気づかないうちに、テニスのラケットを床《ゆか》にたたきつけていました。

「なんでおれなんだよ！」

ラケットをふみつけ、足に全体重をかけました。ラケットはメリメリと折《お》れていきました。

（どうせ、こいつをにぎる日はもう二度と来ないんだ！）

苦しい治療《ちりょう》

翌日《よくじつ》、入院手続《てつづ》きをすませ、病室に入ると、お母さんがせいいっぱいの笑《え》顔《がお》を向けてくれました。

「お父さんとお母さんが、拓也《たくや》を全力で守るから。だから、安心して治療《ちりょう》を受けようね。」

拓也《たくや》は、かすかにうなずくことしかできませんでした。

その日からさらに細かい検査《けんさ》があり、結果《けっか》にもとづいて何人もの医師《いし》や看《かん》護師《ごし》、理学療法士《りがくりょうほうし》※たちが、拓也《たくや》の治療《ちりょう》について、検討《けんとう》を重ねてくれました。

翌《よく》12月から、点滴《てんてき》による抗《こう》ガン剤《ざい》治療《ちりょう》がはじまりました。1回の治療《ちりょう》は1、2週間続《つづ》き、そのあと2週間ほど間をおいて、次の治療《ちりょう》がはじまります。若《わか》くて体力のある拓也《たくや》には、ふつうの大人《おとな》の男性《だんせい》の標準《ひょうじゅん》よりも多い抗《こう》ガン剤《ざい》が投与《とうよ》されました。

たちまち、強烈《きょうれつ》な吐《は》き気《け》におそわれます。胃《い》のなかがからっぽになるまで吐《は》いても、おさまりません。病院の食事は、においをかぐだけで気持ちが悪くなり、何ものどを通りませんでした。

※理学療法士《りがくりょうほうし》…体を動かす機能《きのう》が落ちてしまった人に、運動療法《りょうほう》などにより機能《きのう》を回復《かいふく》させる、リハビリテーションの専門職《せんもんしょく》。

「ひと口でいいから、食べようよ。お薬飲まなくちゃならないし。」

お母さんがお皿《さら》を差《さ》し出《だ》すと、

「こんなに気持ち悪いのに、食べろっていうのか！」

これまでことばをあらげることのなかった拓也《たくや》が、そんな激《はげ》しい声をぶつけます。

少しでも食べられるものを、とお母さんが家から車で、朝昼晩《あさひるばん》の3回とも食事をとどけてくれることになりました。それでも、何も食べられない日や、のどを通ったのは卵《たまご》どうふとリンゴだけ、という日もありました。

いくらか気分のいい日には、お母さんにリクエストして、大好物《だいこうぶつ》の手づくりギョウザや、島根名産《しまねめいさん》の塩《しお》サバを焼《や》いてもらったり、ラーメンをつくってもらったりしました。

吐《は》き気《け》とだるさ、そして不眠《ふみん》が、拓也《たくや》を苦しめました。一度体内に入れた抗《こう》ガン剤《ざい》は、できるだけ早く体の外に出さなくてはならないため、一晩中《ひとばんじゅう》水分を点滴《てんてき》されます。そのため、2、3時間に一度はトイレに行きたくなり、眠《ねむ》ることができません。

これが、1、2週間も続《つづ》くのです。

(ああ、ぐっすり眠《ねむ》りたい。)

拓也《たくや》はみるみるうちにやせていき、身長173センチメートルで61キログラムあった体重は、47キログラムまで減《へ》ってしまいました。

免疫力《めんえきりょく》が落ちて無菌室《むきんしつ》にうつされると、人の出入りの少ないしんと静《しず》かな空間で、昼も夜もわからなくなりました。灰色《はいいろ》の不快《ふかい》なもやのなかにいるようでした。

拓也《たくや》の病気は、5年後の生存率《せいぞんりつ》は7割《わり》ということでした。つまり、10人のうちの3人は、亡《な》くなってしまうのです。

けれどもふしぎなことに、拓也《たくや》は「死」というものを意識《いしき》することはありませんでした。抗《こう》ガン剤《ざい》治療《ちりょう》があまりにつらく、その日をどうにかやりすごすだけで、せいいっぱいだったからです。

先のことなど、何も考えられませんでした。

ある晩《ばん》のこと。

「三木《みき》くん、今夜いっしょにウィンブルドン見ようよ。ぼく、当直《とうちょく》※なんだ。」

そっと耳打ちしてきたのは、テニスが趣味《しゅみ》の若《わか》い医師《いし》です。ウィンブルドンの大会は、テニス発祥《はっしょう》の地であるイギリスで開催《かいさい》されるテニスの世界四大大会※のひとつです。選手《せんしゅ》ならだれでもあこがれる晴れ舞台《ぶたい》でした。

（……見たい！　やっぱり世界トップクラスの選手《せんしゅ》たちの試合《しあい》を見たい。）

そのころは個室《こしつ》にいたので、病室のテレビで、夜中《よなか》にふたりで試合《しあい》の生中《なまちゅう》継《けい》を観戦《かんせん》しました。

「おーっ、ナイスショット！」

「さすが、スピードがちがうなあ。」

弾丸《だんがん》のように行きかう球《たま》を目で追っているときだけは、拓也《たくや》は抗《こう》ガン剤《ざい》治《ち》療《りょう》の苦しさを忘《わす》れられました。血液検査《けつえきけんさ》をすると、その大会期間中だけは、免疫力《めんえきりょく》がはねあがっているのには、自分でもびっくりでした。

※当直《とうちょく》…夜間勤務《やかんきんむ》をすること。

※テニスの世界四大大会…プロテニスの世界四大国際《こくさい》大会とは、「全豪《ぜんごう》オープン（オーストラリア）」「全仏《ぜんふつ》オープン（フランス）」「ウィンブルドン選手権《せんしゅけん》（イギリス）」「全米《ぜんべい》オープン（アメリカ）」で、これを制覇《せいは》することを、グランドスラムを達成《たっせい》する、などという。

卒業式《そつぎょうしき》のサプライズ

治療《ちりょう》のあいまに、高校のクラスメイトや部活の仲間《なかま》が、お見舞《みま》いに来てくれるようになりました。

大学受験《だいがくじゅけん》が近づいてきたにもかかわらず、学校帰りにちょくちょく、いろいろな友人が顔を出してくれます。

「ミキタク！　だいじょうぶか。」

「おまえがいないと張《は》り合《あ》いないぞ。」

「早く出てこいよ。」

「そうそう、この間の英語《えいご》の授業《じゅぎょう》でな……。」

談話室《だんわしつ》で、ひとときにぎやかに過《す》ごし、仲間《なかま》たちが帰っていきます。拓也《たくや》は病室にもどり、まくらに顔をうずめました。

（部活……授業《じゅぎょう》……なんでおれだけ、そこにいないんだろう。）

そんな思いが頭のなかをぐるぐるまわります。

（体育大学に進んで、将来《しょうらい》はテニスのトレーナーになる。そういう人間に、なんでわざわざ病気がやってくるんだよ！

スポーツとは関係《かんけい》のない進路を選《えら》ぶやつだって、たくさんいるじゃないか。

そういうやつが病気になればいいんだよ！）

ふと、そんなことまで考えてしまい、

（ああ、おれってなんていやなやつ……。）

と、自分自身にうんざりすることもありました。

それに、みんなと笑《わら》って過《す》ごしたあとは、ぐったりとつかれきってしまいます。

（たった30分の面会で、こんなにへとへとだなんて、ああ、いやだ、おれの体！）

あまりの体力のなさに、さらに落ちこんでしまう拓也《たくや》でした。

2008年3月、高校の卒業式《そつぎょうしき》の日。拓也《たくや》は病院から、お母さんと出かけました。

拓也《たくや》の髪《かみ》は抗《こう》ガン剤《ざい》の副作用《ふくさよう》でぬけ落ち、学生服《がくせいふく》はだぶだぶになっていました。無理《むり》をするとすぐに熱《ねつ》を出してしまうので、拓也《たくや》だけ式には出席《しゅっせき》せず教室で待つことにしました。

式が終わり、クラスメイトと、出席《しゅっせき》していた保護者《ほごしゃ》が、教室にもどってきました。拓也《たくや》のもとへお母さんがかけより、式のようすを話してくれました。

卒業証書《そつぎょうしょうしょ》の授与《じゅよ》のときのことです。

「三木拓也《みきたくや》。」

先生がそう読みあげると、

「はいーっ！」

ひときわ大きな返事が、拓也《たくや》のクラス席《せき》からあがったというのです。それは、クラス全員の声でした。そして、全員がそろって立ちあがったのでした。

数日前から、みんなでそう打ち合わせていたとのこと。

そう話すお母さんは、涙声《なみだごえ》でした。

拓也《たくや》の目も熱《あつ》くかすんできました。

（みんな……ありがとう。）

担任《たんにん》の先生も教室にもどってきました。

拓也《たくや》の卒業証書《そつぎょうしょうしょ》が読みあげられ、拓也《たくや》はしっかりと受けとります。

大きな拍手《はくしゅ》が鳴《な》りひびいていました。

高校卒業式《そつぎょうしき》の日に友人と。左が拓也《たくや》。

高校の卒業《そつぎょう》アルバム用にクラスメイトたちと撮影《さつえい》。学校前の階《かい》段《だん》で。中央が拓也《たくや》。

高校の卒業《そつぎょう》アルバムの拓也《たくや》。

テニス部の仲間《なかま》と記念撮影《きねんさつえい》。後列左から３番目が拓也《たくや》。

高校１年生のスキー
合宿で。左が拓也《たくや》。

第3章

ふたつの出合い

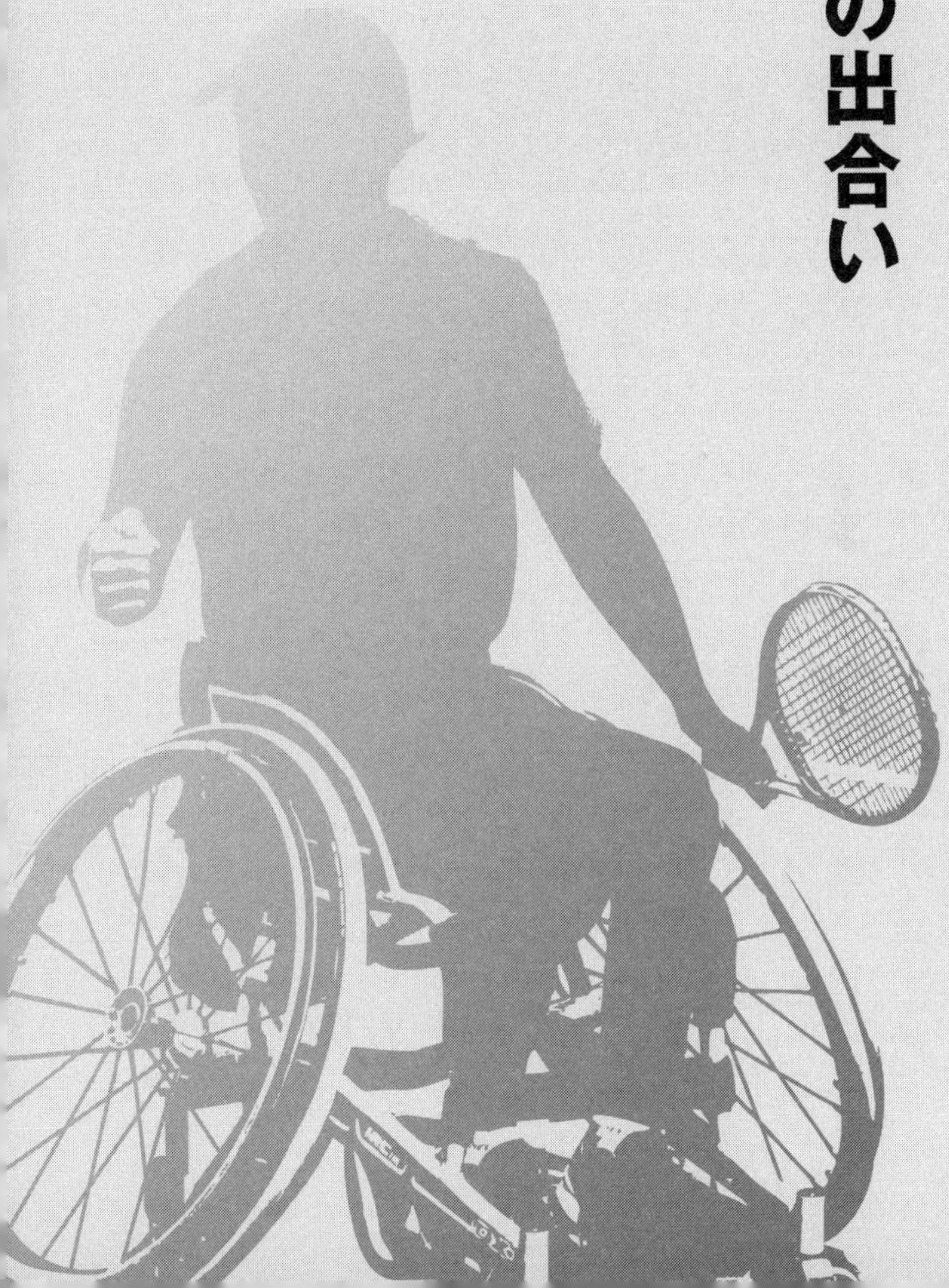

手術《しゅじゅつ》はしたものの

入院して5か月がたちました。その間に、4回の抗《こう》ガン剤《ざい》治《ち》療《りょう》を受けましたが、期《き》待《たい》していたほどの効《こう》果《か》はあがらず、ついに4月8日に手術《しゅじゅつ》をすることになりました。左ひざ下の関《かん》節《せつ》の半分を切りとって、人工関《かん》節《せつ》をうめこむ、むずかしい手術《しゅじゅつ》です。

手術《しゅじゅつ》はぶじ成《せい》功《こう》し、数日後には理《り》学《がく》療《りょう》法《ほう》士《し》の先生の指《し》導《どう》で、リハビリがはじまりました。ベッドの上で足をマッサージすることからはじまり、足を少し曲《ま》げてみる、床《ゆか》に足をおろしてみる、体重をかけてみる、と毎日少しずつ動きを加《くわ》えていきます。

そして、いよいよ歩いてみる日がやってきました。

「両足で立ってみて。うん、だいじょうぶだな。では、左足を一歩前に出してみて。」

リハビリ室の平行棒《へいこうぼう》に両手でつかまり、おそるおそる一歩をふみ出しましたが、思うように動きません。ひざにかたい異物《いぶつ》が入っているのが感じられます。左足が自分の体の一部とはとても思えません。

（これが現実《げんじつ》なのか……一生《いっしょう》この足で生きていくのか。テニスなしで……。）

やり場のないいきどおりが、拓也《たくや》を悩《なや》ませるのでした。

歩けるようになっても、杖《つえ》が必要《ひつよう》になるといわれています。

（この足で、これから何をしたらいいんだろう。）

将来《しょうらい》への不安《ふあん》が、拓也《たくや》の胸《むね》をしめつけました。

でも、家族にはそんな思いを口にできませんでした。

朝昼晩《あさひるばん》、拓也《たくや》の好《す》きなおかずをとどけてくれるお母さん。仕事帰りに毎晩《まいばん》、病院に寄《よ》ってくれるお父さん。たびたび顔を出して、新しいゲームを持ってきてくれる弟の航太《こうた》と、弱った兄の姿《すがた》を見るのがつらいという気持ちの優《やさ》しい翔伍《しょうご》。病気が見つかったときから何度も何度も、「自分がかわってやりたい。」とくりかえしていたおばあちゃん。

家族みんなに、あまりに大きな心配と負担《ふたん》をかけている、という思いが、拓也《たくや》の口を重くしていました。不安《ふあん》やいきどおりをどこにも吐《は》き出《だ》せず、病室でとつぜん涙《なみだ》がこぼれることもありました。

院内学級《いんないがっきゅう》の子どもたち

小児病棟《しょうにびょうとう》のあるこの病院には、入院中の小学生や中学生が勉強できるよう、小さな学校である「院内学級《いんないがっきゅう》」が開かれています。先生がついて、その子の体調を考えながら勉強を教えてくれるのです。

そこには、拓也《たくや》と同じように、ガンなどの悪性《あくせい》の病気をかかえた小学生が集まってきていました。

拓也《たくや》は19歳《さい》でしたが、ときおり院内学級《いんないがっきゅう》に顔を出し、子どもたちの勉強を見てあげたり、ゲームやトランプの相手になったりしていました。

抗《こう》ガン剤《ざい》の副作用《ふくさよう》で髪《かみ》がぬけている子、点滴《てんてき》の台をガラガラ引っぱりながら来る子、車いすの子——どの子もつらいはずなのに、みんな明るく、よく笑《わら》う、どこにでもいる小学生でした。元気になったらあれがしたい、大人《おとな》になったら何になりたい、とにこにこして話してくれました。

この子たちは、もしかしたら大人《おとな》になれないかもしれない。それを知っている親たちは、どんな思いでわが子の「将来《しょうらい》の夢《ゆめ》」を聞いているのだろう。

それを想像《そうぞう》すると、拓也《たくや》はいつもたまらない気持ちになるのでした。

障《しょう》がいを活《い》かせる道がある？

抗《こう》ガン剤《ざい》治療《ちりょう》は、ガン細胞《さいぼう》の転移《てんい》や再発《さいはつ》を食いとめるために、手術後《しゅじゅつご》も続《つづ》いていました。点滴《てんてき》の期間が終わって体調が落ち着くと、リハビリです。

拓也《たくや》はある日、理学療法士《りがくりょうほうし》の先生にもらしました。

「テニスのトレーナーという夢《ゆめ》があったんですけどね。もうテニスはできないし、これからどうしたらいいのかなあ。」

先生は、うんうん、とうなずきました。

「そうだね……。それじゃあ、理学療法士《りがくりょうほうし》なんてどうかな？」

理学療法士《りがくりょうほうし》は、病気、けが、加齢《かれい》、障《しょう》がいなどで、体を動かす機能《きのう》が落ちてしまった人に、運動療法《りょうほう》などにより機能《きのう》を回復《かいふく》させる、リハビリテーションの専門職《せんもんしょく》です。マッサージしたり治療器具《ちりょうきぐ》を使って体を温めたり、電気による刺激《しげき》をあたえたりすることもあります。

先生は、ほほえみながらいいました。

「三木《みき》くんは、今は夢《ゆめ》が絶《た》たれてつらいだろう。でも、自分自身がそういう体験《たいけん》をしたからこそ、理学療法士《りがくりょうほうし》になって、同じ境遇《きょうぐう》の人のリハビリを手伝《てつだ》えば、きっといいアドバイスができるんじゃないかな？　なんていったってことばの重みがちがう。体を治《なお》すだけではなくて、精神面《せいしんめん》のケアまでできるにちがいない。それは、三木《みき》くんにとって、大きな強みになるよ。」

（そういう見方があったのか……。自分の体験《たいけん》や障《しょう》がいを活《い》かせるってことか。）

拓也《たくや》は自分でもおどろくほど、気持ちが軽くなりました。

そして実際《じっさい》に、リハビリを通じて接《せっ》する理学療法士《りがくりょうほうし》の先生の姿《すがた》は、拓也《たくや》にとってたのもしく感じられるものでした。

（理学療法士《りがくりょうほうし》か……いい仕事だな。そっちに進むの、いいかもしれない。）

車いすでテニスができる？

同じころに、拓也《たくや》は、病院内で「車いすテニス」の存在《そんざい》を知りました。これが、その後の拓也《たくや》の人生を変《か》える大きな出合いとなったのです。

（車いすでテニス？　できるのか？　全然《ぜんぜん》知らなかったなあ。でも、たいしたプレーはできないんじゃ……。）

パソコンで「車いすテニス」を検索《けんさく》してみると、ひとりの選手《せんしゅ》が大きく出てきました。

名前は「国枝慎吾《くにえだしんご》」。

（9歳《さい》のときに脊髄腫瘍《せきずいしゅよう》を発病、それから車いす生活。2年後、車いすテニスと出合う、か。北京《ペキン》パラリンピックでは、シングルス金メダル、ダブルス銅《どう》メダルを獲得《かくとく》？　すごい人がいるんだな。）

拓也《たくや》は開催《かいさい》されたばかりの北京《ペキン》パラリンピックの、国枝選手《くにえだせんしゅ》の動画を見てみました。

（えぇっ⁉　な、なんだこりゃあ！　車いす、はやっ！

動きにキレがある！

打球《だきゅう》、強い！　すごすぎる！

車いすでこんなプレーができるなんて！）

車いすと体が完全《かんぜん》に一体となった動きに、拓也《たくや》の目はくぎづけでした。サーブし、車いすで走り、打ち返し、まわりこみ、走り、また打つ、その一連《いちれん》の動きはなんとなめらかで、力強く美しいものだったでしょう。

（これだ！　おれ、これをやるぞ！）
未来《みらい》に光が差《さ》してきたのを、はっきりと感じた瞬間《しゅんかん》でした。

理学療法士《りがくりょうほうし》への道と、車いすテニス。このふたつの希望《きぼう》を手にした拓也《たくや》は、それからめきめきと回復《かいふく》していきました。リハビリの効果《こうか》はおどろくほどあがり、足の動きがしっかりとしてきて、退院《たいいん》の見通しが立ってきました。
（来年の春には、理学療法士《りがくりょうほうし》の資格《しかく》がとれる大学に進もう。そして、車いすテニスをはじめるんだ。）

受験《じゅけん》勉強に火がついた

理学療法士《りがくりょうほうし》の資格《しかく》をとれる大学や専門学校《せんもんがっこう》は、全国にあります。しかし、車いすテニスができるところを調べてみておどろきました。一般《いっぱん》のテニスクラブやスクールとくらべて、あまりに少なかったのです。

（ここは大学選《えら》びよりもテニス優先《ゆうせん》だ。テニスクラブを先に決めよう。）

調べたなかから、千葉《ちば》県柏《かしわ》市の「吉田記念《よしだきねん》テニス研修《けんしゅう》センター（テニストレーニングセンター、略称《りゃくしょう》TTC《ティーティーシー》）」と兵庫《ひょうご》県神戸《こうべ》市の「神戸《こうべ》車いすテニスクラブ」の2か所にしぼりました。

柏《かしわ》市のTTC《ティーティーシー》は、国枝慎吾《くにえだしんご》選手《せんしゅ》をはじめ、世界のトップ選手《せんしゅ》が何人も練習を積《つ》んでいる有名なテニスクラブです。

（よし、ここにするぞ！　大学もこの近くを選《えら》ぼう。）

けれども、お父さんとお母さんは、顔をくもらせました。

「千葉《ちば》？　理学療法士《りがくりょうほうし》の資格《しかく》がとれる大学が近くにないんじゃないのか？ひとり暮《ぐ》らしになるんだし、大学は島根《しまね》からも近いほうがいいぞ。」

「そうね。神戸《こうべ》なら、テニスクラブの近くに大学があるんじゃないの？」

（たしかに、これ以上《いじょう》、親に心配をかけるわけにはいかないな。）

拓也《たくや》は、「神戸《こうべ》車いすテニスクラブ」に入会することにし、神戸《こうべ》で大学を探《さが》し、神戸《こうべ》学院大学の総合《そうごう》リハビリテーション学部を受験《じゅけん》することに決《き》めました。

問題は、学力です。高校3年生の秋からほぼ1年間、闘病《とうびょう》生活に入っていたため、高校の授業内容《じゅぎょうないよう》はすっかり頭からぬけていました。退院《たいいん》がせまってきたころから、拓也《たくや》は病室で参考書《さんこうしょ》を広げるようになりました。

体力も順調《じゅんちょう》に回復《かいふく》していき、11月に退院《たいいん》。それからの拓也《たくや》は、火がついたような勢《いきお》いで、本格的《ほんかくてき》に勉強をはじめました。受験《じゅけん》まで、あと4か月しかありません。

（こんなに勉強したの、生まれてはじめてだな。）

拓也《たくや》の猛《もう》勉強には、もうひとつ理由がありました。

ふた子の弟たちは2歳《さい》下。もし自分が受験《じゅけん》に失敗《しっぱい》し進学がもう1年遅《おく》れると、弟たちと同時に大学に入学することになるのです。

（あいつらふたりとも優秀《ゆうしゅう》だもんな。ぜったい同じ学年になりたくない！）

それまで、拓也《たくや》は長男であることをあまり意識《いしき》していませんでしたが、なぜかこのときは、急に「おれは長男なんだ！」という気持ちが頭をもたげたのです。

車いすテニスへの思いと理学療法士《りがくりょうほうし》への道、そして弟たちへの対抗心《たいこうしん》。その3つに力いっぱい背中《せなか》を押《お》され、拓也《たくや》はみごと大学に合格《ごうかく》しました。

19歳《さい》。神戸《こうべ》学院大学入学式で。

第4章

またテニスができた！

もうひとつのテニス

２００９年3月の終わり、拓也《たくや》は神戸《こうべ》学院大学に近いアパートへ引《ひ》っ越《こ》し、新しい生活がスタートしました。

同時に「神戸《こうべ》車いすテニスクラブ」の会員となりました。車いすは、同じクラブの会員の濱田宗則《はまだむねのり》さんが、車いすバスケットボールから車いすテニスに転向《てんこう》したときに改造《かいぞう》したものを、ゆずってくれました。

拓也《たくや》はついにコートに立つことができました。

春の空にあわい雲が流れます。

1年半ぶりににぎるラケットでした。

しかし、車いすテニスは、もちろんかんたんではありません。チェアワーク※は、ひとすじなわにはいきません。

車いすをこぐには、車輪《しゃりん》の外側《そとがわ》にあるハンドリムを両手でまわします。足を使うテニスでは考えられないほど、腕《うで》や肩《かた》に負担《ふたん》がかかります。

とくに片方《かたほう》の手は、ラケットを持ったまま車いすをこぎ、ハンドリムから手をはなして一瞬《いっしゅん》でラケットをかまえ、球《たま》を打つ、というすばやい動きが必《ひつ》要《よう》です。

飛《と》んできた球《たま》を打ち返すには、どこへ、どのくらい、車いすを進めたらいいのか。

車いすをどの向きにしたら、うまくラケットをふれるのか。

打ったあと、車いすをどう動かせば次の打球《だきゅう》にそなえられるのか。

足を使うテニスなら、いちいち考えずに走り出せばよかったのに、車いすではそうはいきません。

※チェアワーク…車いすを動かす技術《ぎじゅつ》。球《たま》を打ち返すためには、車いすをすばやく幅広《はばひろ》く動かす必要《ひつよう》がある。

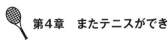

テニス用の車いすは軽く、前後に楽に動けてなめらかに回転することもできますが、真横《まよこ》に動かすことはできません。すばやく左右反対方向に動くには、くるりと半回転させて向きを変《か》える必要《ひつよう》があります。

そのため、相手に背《せ》を向ける瞬間《しゅんかん》が生まれます。

振《ふ》り向《む》いてからこぐのは、1回か、2回か、3回か？　どのタイミングで止めたらいいのか？

ひとつひとつの動作に頭を使う必要《ひつよう》があります。

（これはむずかしいぞ。自分のいる位置《いち》に球《たま》を飛《と》ばしてもらえば、打ち返せるけれど、ちょっとはなれたところに球《たま》が来たら、まるで追いつけないや。）

ルールは、足を使うテニスとほとんど同じで、コートの広さも同じです。ちがっているのは、足を使うテニスは、相手からの球《たま》はワンバウンド以内《いない》に返さなければなりませんが、車いすテニスではツーバウンドまで許《ゆる》されるということだけです。

飛《と》んできた球《たま》を打ち返すタイミングは、ワンバウンド後かツーバウンド後か。それも一瞬《いっしゅん》の判断《はんだん》が必要《ひつよう》です。

それに、足を使うテニスのときよりも、ずっと体の位置《いち》が低《ひく》いので、相手の選手《せんしゅ》が見えにくいこと、高く飛《と》んできた球《たま》を打ち返すのはとてもむずかしいことなどがわかりました。

（車いすテニスと足を使うテニス、まるで別《べつ》の競技《きょうぎ》なんだ。でも――テニスだ。ああ！　やっぱり、テニスはいいなあ。）

打った球《たま》が相手のコートにつきささる、その達成感《たっせいかん》はなんともいえません。サーブは、これまでつちかった技術《ぎじゅつ》を活《い》かせるので、足を使うテニスと同じ感覚《かんかく》で打つことができました。

「三木《みき》くん、ナイスショット！」

するどいサーブに、年上の会員たちが拍手《はくしゅ》をしてくれました。

はじめての国際試合《こくさいじあい》で

拓也《たくや》は、週2回から4回、熱心《ねっしん》にこのクラブに通うようになりました。

（まず、チェアワークを身につけよう。チェアでうまく動けるようになれば、打つことはできる！）

このクラブには、コーチもトレーナーもいませんでしたが、会員であり先《せん》輩選手《ぱいせんしゅ》でもある、物部賢治《もののべけんじ》さんが、親身《しんみ》にアドバイスをしてくれました。

物部《もののべ》さんは、基本《きほん》のチェアワークや打ち方の手ほどき、トレーニングメニューへの助言《じょげん》、それにコートの予約《よやく》や、車の送《おく》り迎《むか》えまでしてくれ、神戸《こうべ》のお父さんのような存在《そんざい》でした。

拓也《たくや》はパワーをつけるために、コートの外でもトレーニングしました。車いすで坂道をのぼったり、すばやく方向を変《か》える練習などです。クラブの先輩《せんぱい》会員たちと打ち合えるようになるのに、それほど時間はかかりませんでした。

(車いすテニスも、やっぱり頭を使うスポーツだな。相手が球《たま》を打つ、その瞬間《しゅんかん》のパンという音や動きで、どんな球《たま》がどこに飛《と》んでくるかを判断《はんだん》しなくちゃならない。そして1球《きゅう》1球《きゅう》、どう打つかを瞬時《しゅんじ》に決める。球《たま》のことだけじゃなく、車いすの分も計算して動く必要《ひつよう》があるから……本当に深くて、おもしろい!)

拓也《たくや》は、車いすテニスのおもしろさにのめりこんでいきました。

大学へは、杖《つえ》をついて通いました。リハビリテーション学部のあるこの大学には、ほかにも障《しょう》がいのある学生が通っていたので、バリアフリー※については心配いりませんでした。

授業《じゅぎょう》では、体の構造《こうぞう》について学ぶ解剖学《かいぼうがく》などの講義《こうぎ》がありました。もともと拓也《たくや》は、筋肉《きんにく》や関節《かんせつ》の動かし方などに興味《きょうみ》があったので、授業《じゅぎょう》はおもしろく、またテニスをする上でも、役に立つことがわかりました。

1年後の2010年4月。神戸《こうべ》で大きな大会が開催《かいさい》され、拓也《たくや》もセカンドクラスに出場することになりました。

「ダンロップ神戸《こうべ》オープン・国際《こくさい》車いすテニストーナメント」です。拓也《たくや》にとってははじめての国際試合《こくさいじあい》でしたが、目ざましく上達《じょうたつ》してきた技術《ぎじゅつ》を発揮《はっき》し、勢《いきお》いにのってみごと準優勝《じゅんゆうしょう》をかざりました。

試合《しあい》のあと、拓也《たくや》は車いすの男性《だんせい》に声をかけられました。

「三木拓也《みきたくや》くん？　国枝慎吾《くにえだしんご》です。」

あきらめていた夢《ゆめ》が再《ふたた》び

拓也《たくや》は目を見張《みは》りました。

国枝選手《くにえだせんしゅ》は、北京《ペキン》パラリンピックの金メダリストであり、2007年には車いすテニス史上初《しじょうはつ》となる、男子シングルスの年間グランドスラム※を達成《たっせい》しています。

※バリアフリー…障《しょう》がいの有無《うむ》にかかわらず、すべての人が生活しやすくなるよう、バリア（障壁《しょうへき》）をとりのぞくこと。

※グランドスラム…2007年、国枝選手《くにえだせんしゅ》は、「全豪《ぜんごう》オープン（オーストラリア）」「ジャパンオープン（日本）」「ブリティッシュオープン（イギリス）」「US《ユーエス》ウィールチェア（アメリカ）」を制覇《せいは》した。

文字通り世界一の車いすテニスプレーヤーで、拓也《たくや》から見たら雲の上の存在《そんざい》です。日焼《ひや》けした精《せい》かんな姿《すがた》は、きらきらかがやいて見えました。

「ちょっと話をしませんか。」

「は、はいっ。」

「三木《みき》くん、車いすテニスはいつから？」

1年前から、という拓也《たくや》の返事に、国枝選手《くにえだせんしゅ》はおどろいたようでした。

「まだ1年か！　それはすばらしい。」

そのあと拓也《たくや》の耳に、思ってもみなかったことばが飛《と》びこんできました。

「ぼくといっしょに、ロンドンパラリンピックをめざさないか？」

「えっ？　あの、あの……ぼくが、ですか？」

国枝選手《くにえだせんしゅ》は大きくうなずきました。

「今からきたえれば、2年後のロンドンパラをねらえるよ。楽ではないだろうけれどね。やる気があるなら、コーチに紹介《しょうかい》するよ。千葉《ちば》県の柏《かしわ》市にある、テニス研修《けんしゅう》センターでトレーニングしたらいいよ。」

そこは、拓也《たくや》が最初《さいしょ》に入会を希望《きぼう》していた大きなテニススクールでした。

国枝《くにえだ》選手《せんしゅ》は、名刺《めいし》を差《さ》し出《だ》し、

「興味《きょうみ》があるなら、このアドレスに連絡《れんらく》して。」

と去《さ》っていきました。

拓也《たくや》は、体がふわふわ浮《う》きあがるようでした。

(パラリンピック！　ロンドンをめざす？　はじめてまだ1年しかたっていないおれが？　しかも今回だって、優勝《ゆうしょう》したわけじゃないのに？)

拓也《たくや》は、小学生のころ考えていた将来《しょうらい》の夢《ゆめ》を思い出しました。

(あのころの夢《ゆめ》は、スポーツ選手《せんしゅ》だったな。それに、高校のときは、大学でテニスを続《つづ》けて、どこまで行けるかためしてみたかった。

もしかしたら、その夢《ゆめ》が、望《のぞ》みが、かなうのか？）

拓也《たくや》に迷《まよ》いはありませんでした。

（病気で絶《た》たれた夢《ゆめ》を、これからとりもどそう。やりたい。千葉《ちば》でトレーニングを受けたい。）

2010年ダンロップ神戸《こうべ》オープンの閉会式《へいかいしき》。拓也《たくや》にとっては初《はつ》の国際試合《こくさいじあい》だった。前列右はじが拓也《たくや》。

第5章

母の応《おう》援《えん》、父の心配

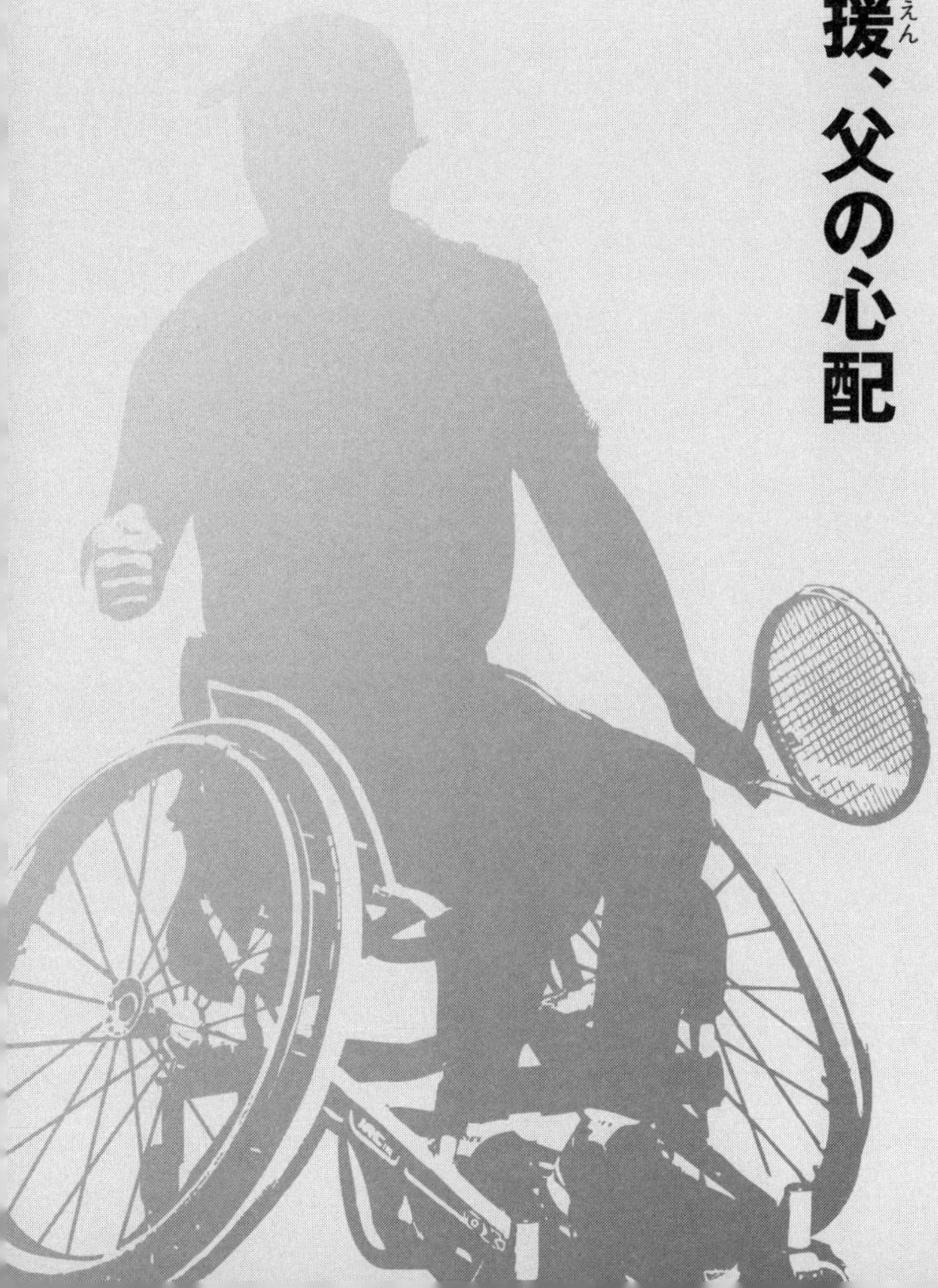

はじめての自己主張《じこしゅちょう》

すぐに出雲《いずも》の実家にもどり、両親に相談しました。

すると、お父さんはけわしい顔でいいました。

「千葉《ちば》の柏《かしわ》へ行く？　大学はどうするんだ？」

「休学するよ。」

拓也《たくや》ははっきりとこたえます。

「理学療法士《りがくりょうほうし》はどうするんだ？」

「それは――いつか復学《ふくがく》して勉強するよ。」

「お父さんは反対だ。あんなにつらい入院生活のあと、すごくがんばって大学に入ったんだ。まず勉強して、車いすテニスは、これまでどおり勉強のあいまにやればいいいじゃないか。」

「でも、すごいチャンスなんだ！　国枝選手《くにえだせんしゅ》に声をかけてもらえたなんて。」

「将来《しょうらい》、生活はどうするんだ。それに、拓也《たくや》はそんなきびしい世界に向いているのか？」

「でも、おれ、やりたいんだ！」

「だめだよ。大学を休学してまで、テニスひとすじになるのは、リスクが大きすぎる。」

「どうしてもやりたい。ロンドンパラリンピックに出たい！」

「だめだ！」

「行きたい！」

父親と言《い》い争《あらそ》いをするなんて、生まれてはじめてのことかもしれません。

拓也《たくや》は自分でもおどろいていました。

はらはらしながら、ふたりのやりとりを聞いていたお母さんが、お父さんにいいました。

「拓也《たくや》には拓也《たくや》の人生があるわよ。自分の道が拓《ひら》けるなら、親がその可能性《かのうせい》をつぶしちゃいけないと思わない？」

お父さんは、お母さんに向き直ります。

「拓也《たくや》はまだ20歳《はたち》だぞ。学生だぞ。自分で判断《はんだん》できるほど、人生経験《けいけん》を積《つ》んでいない。親が意見するのはあたりまえだ。」

「でも、拓也《たくや》がこんなにはっきり自分の希望《きぼう》を口にするなんて、はじめてのことよ。」

お母さんにしてみれば、日ごろ自己主張《じこしゅちょう》をあまりせず、素直《すなお》で人のいい拓《たく》也《や》を、歯がゆく思っていたこともありました。高校でテニスに燃《も》え、苦しい治療《ちりょう》も乗りこえ、大学入試《にゅうし》も突破《とっぱ》したというのに、自信《じしん》まんまんというふうではなく、気持ちの折《お》れやすいタイプだということも、母の目は見ぬいていました。

その息子《むすこ》が、父親に自分の思いをぶつけている――。

「わたしはね、拓也《たくや》の闘病中《とうびょうちゅう》、苦しみながらもがんばっている姿《すがた》を見て、完《かん》治《ち》したら、やりたいことはなんでもさせてやろうって思った。かなえたい夢《ゆめ》があるなら、それに向かって全力でがんばってほしいと思っていた。それが、車いすテニスなのよ。パラリンピックなの。拓也《たくや》は本気よ。」

「ぼくだって、本気で拓也《たくや》を心配しているんだ！」

母の決意

両親の言い合いはしばらく続《つづ》きました。

やがてお母さんは、きっぱりといいました。

「わかりました。どうしてもだめというなら、わたしひとりで拓也《たくや》をささえます。」

「えっ！　その……別《わか》れてでも？」

「ええ、そうよ。」

お母さんは目をそらさずいいました。

お父さんは、しばらく目を閉《と》じて考えこんでいましたが、やがて顔をあげて短《みじか》くいいました。

「わかった。めざすのはしかたないが、まずコーチと話してみるのが先だ。

それと、休学の手続《てつづ》きや、いつまで休学していられるかをきちんと調べないといけない。」

それから——とお父さんは続《つづ》けました。

「期限《きげん》を決めよう。2012年のロンドンパラリンピックまでだ。出られても出られなくても、終わったら大学にもどること。いいね。」

「はいっ！」

拓也《たくや》は、お父さんに向かってまっすぐにうなずきました。お母さんが、ほうっと大きく息をついて笑《わら》いました。

さっそく、国枝選手《くにえだせんしゅ》へメールを送ります。

「ロンドンに行きたいです。ぜひよろしくお願《ねが》いします。」

スカウトされてから、1週間もたっていませんでした。

しかし、両親の心配が消えたわけではありません。

大学を休学してしまってていいものだろうか。遠いところで、ひとりでやっていけるだろうか。

どんな指導者《しどうしゃ》だろうか。きびしい訓練《くんれん》が待っているにちがいないが、ついていけるだろうか。

ロンドンパラリンピックまで、あと2年。めざしたところで、出場できるのだろうか——。

翌《よく》5月、福岡《ふくおか》県飯塚《いいづか》市でおこなわれる「飯塚国際《いいづかこくさい》車いすテニス大会（ジャパンオープン）」に、柏《かしわ》の吉田記念《よしだきねん》テニス研修《けんしゅう》センター（TTC《ティーティーシー》）から、コーチの丸山弘道《まるやまひろみち》さんが来るといいます。拓也《たくや》と両親の3人で、会いにいくことになりました。

丸山《まるやま》コーチのめざすもの

丸山《まるやま》コーチは、国枝慎吾《くにえだしんご》選手《せんしゅ》や齋田悟司《さいださとし》選手《せんしゅ》といった、パラリンピックの金メダリストを送り出している、名《めい》コーチでした。足を使うテニスでも、多くの選手《せんしゅ》を育てています。

丸山《まるやま》コーチと両親、拓也《たくや》の4人は、飯塚《いいづか》の競技場《きょうぎじょう》のとなりのレストランで、はじめて顔を合わせました。

「国枝慎吾《くにえだしんご》選手《せんしゅ》から、神戸《こうべ》オープンのときのビデオを見せられましてね。」

丸山《まるやま》コーチは、こう切り出しました。

「『若手《わかて》にいい動きをする選手《せんしゅ》がいる、とくにサーブがいいです。』というんですよ。ビデオを見たら、たしかにビビッと来ました。これはいい、おもしろい選手《せんしゅ》だと思いました。躍動感《やくどうかん》がある。本人の努力次第《どりょくしだい》ですが、息子《むすこ》さんの将来性《しょうらいせい》は十分ありますよ。」

思わずほほえんだお父さんとお母さんに、丸山《まるやま》コーチは続《つづ》けました。

「息子《むすこ》さんの夢《ゆめ》がかなうように、わたしの経験《けいけん》や技術《ぎじゅつ》のすべてを、いくらでも伝《つた》えていこうと思っています。ただし、並大抵《なみたいてい》のことでは世界はめざせないし、メダルにも手がとどきません。」

お母さんは、そのあとの丸山《まるやま》コーチのことばに、はっと顔をあげました。

「だからといって、わたしは、テニス選手《せんしゅ》はテニスだけやっていればいいとは思っていません。まず、人としてどうか。ちゃんとした社会人として生きていける人間であること。それが大切と考えています。」

だから、テニスの技術《ぎじゅつ》だけではなく、人間性《にんげんせい》の部分にもかかわって育てていくのがわたしの方針《ほうしん》です、と丸山《まるやま》コーチは語りました。

「そのため、あいさつやマナーといった、基本的《きほんてき》なことも大切にします。たとえテーブルマナーであっても、注意するときは注意しますよ。技術《ぎじゅつ》は、トレーニングすれば上達《じょうたつ》します。けれども、人間的《にんげんてき》に大きくなっていかないと、どこかで選手《せんしゅ》としての成長《せいちょう》も、止まってしまうんですよ。拓也《たくや》くんには、いろいろな面で大きな選手《せんしゅ》、大きな人間になってほしいと思っています。」

お母さんは、大きくうなずきました。

「お話、よくわかりました。」

両親は、丸山《まるやま》コーチに深く頭をさげました。

「拓也《たくや》を、どうぞよろしくお願《ねが》いいたします。」

しかし、お父さんの表情《ひょうじょう》が、まだどこかかたいままであるのに、拓也《たくや》は気づいていました。

（お父さんは心配が消えないらしい。理学療法士《りがくりょうほうし》という堅実《けんじつ》な道をそれて、出られるかどうかもわからないパラリンピックへの道に賭《か》けようとしているんだから当然《とうぜん》かもしれない。）

拓也《たくや》は、トレーニングでマメのできた両手をぐっとにぎりしめました。

（でも――おれはやる。一度はあきらめたテニスの世界にもどってこられたんだから。後悔《こうかい》はしない。お父さんもわかってくれるはずだ。）

1週間後、拓也《たくや》は、これから住むアパートを探《さが》しに、柏《かしわ》へ向かいました。いっしょに家探《さが》しを手伝《てつだ》ってくれたのは、お父さんでした。

6月、大学の休学手続《てつづ》きを終え、拓也《たくや》は柏《かしわ》に引《ひ》っ越《こ》していきました。TT《ティーティー》C《シー》の、強化プログラム選手《せんしゅ》としての一歩をふみ出したのです。

第6章

ロンドンへの道

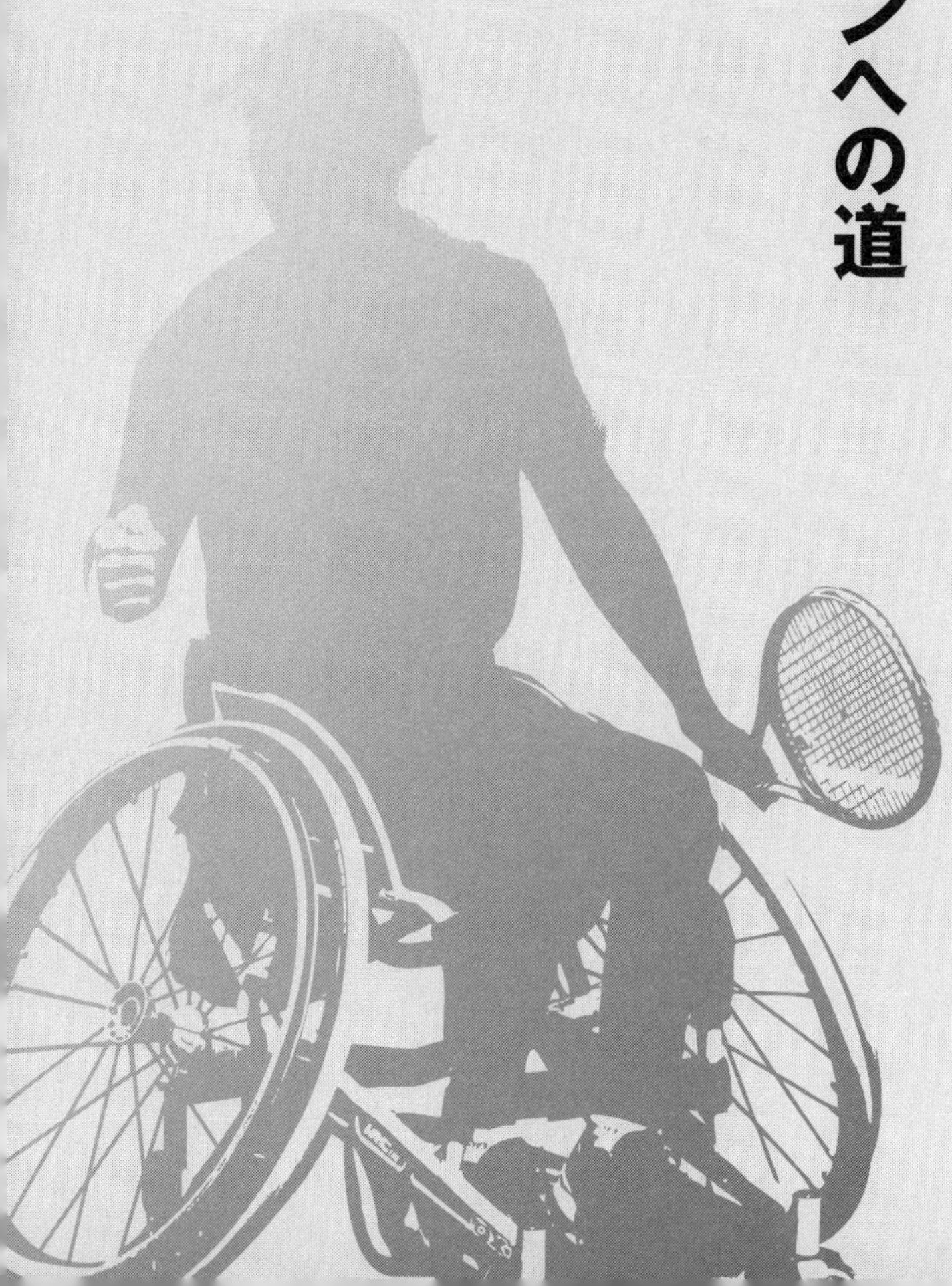

チェアワークをきたえろ！

吉田記念《よしだきねん》テニス研修《けんしゅう》センター（TTC《ティーティーシー》）は、車いすテニスと足を使うテニスの両方、そして、初心者《しょしんしゃ》からプロ選手《せんしゅ》まで幅広《はばひろ》く練習できる、大きな施設《しせつ》です。ここで、拓也《たくや》の本格的《ほんかくてき》なトレーニングがはじまりました。

それまで拓也《たくや》は、歩くときには杖《つえ》を使っていました。それでも、長い時間歩くと足や腰《こし》に痛《いた》みやしびれが出ることがあります。また、人工関節《かんせつ》は永久《えいきゅう》にもつものではなく、いずれとりかえる日がやってきます。

人工関節《かんせつ》に負担《ふたん》をかけないため、また車いすの動かし方を身につけるために、ふだんから日常《にちじょう》用の車いすを使うことになりました。

チェアワークの専門的《せんもんてき》なトレーニングを受けるのは、はじめてでした。車いすを自由自在《じゆうじざい》に操作《そうさ》できるようにして、さらにパワーとスピードを強化するためのプログラムが用意されています。

たとえば、車いすを、90度、180度、360度にすばやくターンさせる練習。ターンのときは、一方《いっぽう》の手でハンドリムを押《お》し、もう一方《いっぽう》では引くという動作になるので、左右の手の力の入れかげんを瞬時《しゅんじ》に判断《はんだん》しなければなりません。

車いすを正確《せいかく》な位置《いち》でストップさせる練習や、ターンしてから一気《いっき》にダッシュ、バックさせてから前進、ジグザクに動くなどの練習もあります。

パワーをつけるために、おもりをつけた車いすをこいだり、スタミナをつけるために、長距離《ちょうきょり》を走ったりするトレーニングなどもありました。

テニスにかぎらず、車いすでのスポーツは、上半身にたいへんな負担《ふたん》がかかります。そのなかでもとくに肩《かた》と腕《うで》をきたえるために、TTC《ティーティーシー》のなかのジムで、マシンやダンベル、バーベルを使うウエイトトレーニングなどもおこないました。

これらのトレーニングを週3回、球《たま》を使ってのトレーニングは、土日以外《いがい》毎日続《つづ》けられました。コーチが何百回と打ち出してくる球《たま》を打ち返す練習や、ラリー※の練習などです。

はじめのうち、拓也《たくや》の腕《うで》はパンパンにはれあがり、手はマメだらけになりました。

毎日、つかれきってアパートへ帰り、土曜日曜はねてすごします。

しかし、体のつかれや腕《うで》の痛《いた》みは、たいしたことではありません。それよりも、拓也《たくや》の頭を悩《なや》ませていたことがありました。

※ラリー……ネットをはさんで球《たま》を連続《れんぞく》して打ち合うこと。

丸山《まるやま》コーチの一発

それは、丸山《まるやま》コーチが、まったく指導《しどう》してくれないということでした。顔を合わせても、別《べつ》の選手《せんしゅ》の指導《しどう》ばかりで、拓也《たくや》のことはほかのコーチにまかせっきりです。

（おれ、わざわざ千葉《ちば》まで来たのに。あんなに熱心《ねっしん》に、親と話し合ってくれたのに、なんでまともにコーチしてくれないのかな？　うまくなりたい、強くなりたいのに。）

「なんで丸山《まるやま》コーチじゃないんだ？」

つい、そうぼそっとつぶやいてしまったこともありました。

そんな気持ちが練習態度《たいど》にも表《あらわ》れ、動きがにぶくなることも出てきました。

「三木《みき》！　全力で走れ！」

先輩《せんぱい》の大声が飛《と》んできたこともあります。

拓也《たくや》は練習のあと、自分のプレーをふり返り、どこがよくてどこが悪かったかをていねいに分析《ぶんせき》するタイプでした。

（なんであの球《たま》、入んなかったのかなあ。）

（チェアのスピードがもっとつけば……。）

（もっと前に出て打ってもよかったかな。）

そんなことを考えながら、トレーニングを終えることもしばしばです。

うまく動けなかったときは、自分にいらいらして、まわりの先輩選手《せんぱいせんしゅ》へのあいさつもそこそこに、うわの空でコートを出る、という日もありました。

あるとき、当時世界ランキングトップ10《テン》に入っていた、齋田悟司選手《さいださとしせんしゅ》が練習相手になってくれたことがありました。

ベテランの齋田選手《さいだせんしゅ》は、さすがに確実《かくじつ》に球《たま》を返してきます。拓也《たくや》は、思ったようなプレーができず、右に左にとふりまわされてしまいました。

練習が終わり、

「おつかれさん。」

丸山《まるやま》コーチが声をかけてきました。

しかし、拓也《たくや》は、自分のプレーの反省《はんせい》で頭がいっぱい。コーチにも齋田選《さいだせん》手《しゅ》にも背《せ》を向けて、

「ありがとうございました。」

と、ぼそぼそとつぶやいただけでした。

（あ、おれ、態度《たいど》悪い……？）

そう思ったのと、頭に何かがぶつかってきたのは、同時でした。

丸山《まるやま》コーチが、拓也《たくや》の頭をたたいたのです。

減《へ》っていく数字と増《ふ》えていく数字

「すみませんでした！」

拓也《たくや》はさっと頭をさげました。

「なぜたたかれたか、わかるよね？」

丸山《まるやま》コーチが問いかけました。

「はい……礼儀《れいぎ》がなっていませんでした。」

「うん。では、なぜ、わたしが礼儀《れいぎ》を重んじるか、わかってるか？　人として一番大切にしなくてはならない、心の部分なんだよ。テニス選手《せんしゅ》といっても、テニスだけやっていればいいんじゃない。」

拓也《たくや》は、5月の飯塚《いいづか》オープンのときに、丸山《まるやま》コーチが両親にも話していた、「人として大切なこと」を思い出しました。

（お母さんは、丸山《まるやま》コーチの話にすごく安心し、信頼《しんらい》をよせていたっけ。こういうことだったのか……。）

たたかれた頭よりも、胸《むね》がうずきました。

丸山《まるやま》コーチは、真剣《しんけん》なまなざしで続《つづ》けました。

「わたしひとりの力で、三木《みき》をチャンピオンにすることはできない。国枝《くにえだ》くんだってそうだ。

ひとりの選手《せんしゅ》が大きく育っていくには、たくさんの人の手助けが必要《ひつよう》だ。ひとりの力では、たいしたことはできないんだよ。それを、スポーツを通じて知ってほしい。テニスしかできない人間では、応援《おうえん》し助けてくれる人はついてこない。

テニスの世界ランキングは、上位《じょうい》になれば、その数字が小さくなっていくよな。それにつれて、増《ふ》えていく数字もあるんだよ。なんだと思う？」

拓也《たくや》は首をかしげました。

「その選手《せんしゅ》をささえてくれる人の数だよ。ファンといってもいい。あなたのためなら協力《きょうりょく》します、という人だ。三木《みき》にもその数を増《ふ》やしていってほしいんだ。」

（そうか。強くなりたいという思いばかりが先走っていたけれど、それだけじゃだめなんだな……。）

「テニスは考えるスポーツだってこと、わかっているよな？」

拓也《たくや》は大きくうなずきました。

「はい、そう思います。」

（おれがテニスで好《す》きなのは、そこかもしれない。ラリーで相手の作戦《さくせん》を感じとったり、かけ引きしたり、一打《いちだ》ごとに、一瞬《いっしゅん》ごとに、1秒もない短い時間のなかで頭を働《はたら》かせている。）

丸山《まるやま》コーチは、拓也《たくや》の思いを読みとったかのように続《つづ》けました。

「自分のことしか考えていなかったら、対戦《たいせん》相手のことが見えなくなるだろう？　相手の思いや動きを一瞬《いっしゅん》で読みとる、その感性《かんせい》をするどくしなければ、強くなれない。技術《ぎじゅつ》だけではだめなんだ。」

その話は、拓也《たくや》の胸《むね》にすとんと落ちました。

「だからわたしは、人として、人間的《にんげんてき》に成長《せいちょう》しようという思いが見えないうちは、技術《ぎじゅつ》の指導《しどう》はしない。たとえ指導《しどう》しても、それを受けとめて吸収《きゅうしゅう》することができないからだよ。」

（ここへ来てから、自分の技術《ぎじゅつ》しか見えていなかった……。だからだめだったんだ。）

拓也《たくや》は、その日から変《か》わりました。大きな声であいさつし、先輩《せんぱい》たちの動きをよく見て、話をしたり質問《しつもん》したりするようになりました。

そんな拓也《たくや》の変化《へんか》を、丸山《まるやま》コーチは辛抱《しんぼう》強く待っていたのでした。

そして翌年《よくねん》ついに、拓也《たくや》は丸山《まるやま》コーチから直接指導《ちょくせつしどう》を受けるようになりました。

コートに丸山《まるやま》コーチの声が飛《と》びます。

「遅《おそ》いぞーっ、速く速く！」

「はいっ！」

「あきらめるな、走れ走れ！」

「はいっ！」

拓也《たくや》のチェアワークは、日を追うごとにスピードとなめらかさを増《ま》し、ラケットから打ち出す球《たま》は、力強くなっていきました。

「テニスノート」を開いて

コートに入る前から、拓也《たくや》の胸《むね》は高鳴《たかな》っていました。2011年の神戸《こうべ》オープン。ちょうど1年前に国枝選手《くにえだせんしゅ》にスカウトされた、思い出深い大会の決勝戦《けっしょうせん》。今回、拓也《たくや》が戦《たたか》うのは、国枝慎吾選手《くにえだしんごせんしゅ》です。公式戦《こうしきせん》ではじめての対戦《たいせん》でした。

入院中に見た北京《ペキン》パラリンピックの決勝《けっしょう》の映像《えいぞう》

2011年の神戸《こうべ》オープンにて。

は、今も拓也《たくや》の目に焼《や》きついています。

（あのころは雲の上の存在《そんざい》だったのに、今、こうして戦《たたか》えるなんて！）

ネットの向こうの国枝選手《くにえだせんしゅ》は、ふだんよりもずっと大きく見えました。練習のときの何十倍もの、ぎらぎらする闘志《とうし》を発しています。

試合《しあい》がはじまり、国枝選手《くにえだせんしゅ》のショットが、次つぎと拓也《たくや》のコートにつきささりました。

（すごい！　これが世界ランキング1位《い》のパワーか！）

拓也《たくや》は、国枝選手《くにえだせんしゅ》の力に圧倒《あっとう》され、球《たま》を返せない悔《くや》しさも忘《わす》れ、見とれるばかりでした。

第1セットは、拓也《たくや》は1ゲームもとることができないまま終わりました。

（おれ、何やってるんだ？　しっかり戦《たたか》わなくちゃ、国枝《くにえだ》さんに失礼《しつれい》じゃないか！　そうだ、あのノートを開いて、落ち着こう。）

拓也《たくや》は、いつも持ち歩いている1冊《さつ》のノートをとり出しました。

「テニスノート」と名づけたもので、TTC《ティーティーシー》に来てまもなく、丸山《まるやま》コーチにすすめられ、書きはじめたものです。日々《ひび》の練習中に気づいたことや指導《しどう》してもらったこと、反省点《はんせいてん》、試合《しあい》のなかで気になったこと、覚《おぼ》えておきたいことなどを日記形式で書きつづってあります。

1冊《さつ》がいっぱいになると、2冊目《さつめ》にその中身を短くまとめて書き、さらに新しいことを書きたしていきます。拓也《たくや》は、ことあるごとに読み返していました。

ノートをぱらぱらとめくっていくと、技術的《ぎじゅつてき》なことにまじって、心がまえなども書きとめてあります。そのなかに「一球《いっきゅう》に集中！」「ベストをつくそう」ということばがありました。

（そうだ、集中しよう。ベストをつくそう。このコートに立っているのは、国枝《くにえだ》さんのプレーに感心するためじゃない。勝つためじゃないか！）

第2セット、拓也《たくや》の動きはみちがえるように力強くなりました。ラリーが続《つづ》き、いくつかゲームをうばいます。

しかし、やはり国枝選手《くにえだせんしゅ》は大きな壁《かべ》でした。一時《いちじ》は2対2と競《せ》り合《あ》いましたが、じょじょにはなされていき、第2セットも落とし、試合《しあい》は負けてしまいました。

けれども、拓也《たくや》のなかに悔《く》いはありませんでした。

（第2セットはゲームもとれたし、ミスは多かったけれど、のびのびやれた。自分のテニスができた。

よし！　今日《きょう》のことをしっかり覚《おぼ》えておこう。国枝《くにえだ》さん、次の試合《しあい》を待っててくださいよ！）

拓也《たくや》のテニスノート。拓也《たくや》にとっての座右《ざゆう》の銘《めい》もたくさん書いてある。

丸《まる》山《やま》コーチからもらったことば

森を見て、林を見て、木を見よう。
自分が4年後に立派《りっぱ》な森になりたいのなら、
3年後はどんな林になっていたらいいか。
2年後は、どんな木になっていたいか。
では、1年目の今は何をしたらいいのか。

■**拓也《たくや》が考えたこと**

「いつかやろう」では、願《ねが》いは何もかなわない。将来《しょうらい》の大きな森になるために、今やるべきことを考えてみよう。細かな目標《もくひょう》を定《さだ》めると、夢《ゆめ》への道は歩きやすくなる。

世界は、自分を中心に
まわっているわけではない。
世界のなかに、自分がある。

■**拓也《たくや》が考えたこと**

テニスの世界は、次つぎに移《うつ》り変《か》わっていく。きのうまで常識《じょうしき》だと思っていたことが、変《か》わってしまうことすらある。自分が中心にいると思ったら、大まちがい、置《お》いていかれることもある。生《い》き抜《ぬ》くためには、世界の流れをキャッチして、自分の努力《どりょく》にどうつなげるかだ。

第7章 ロンドンの空

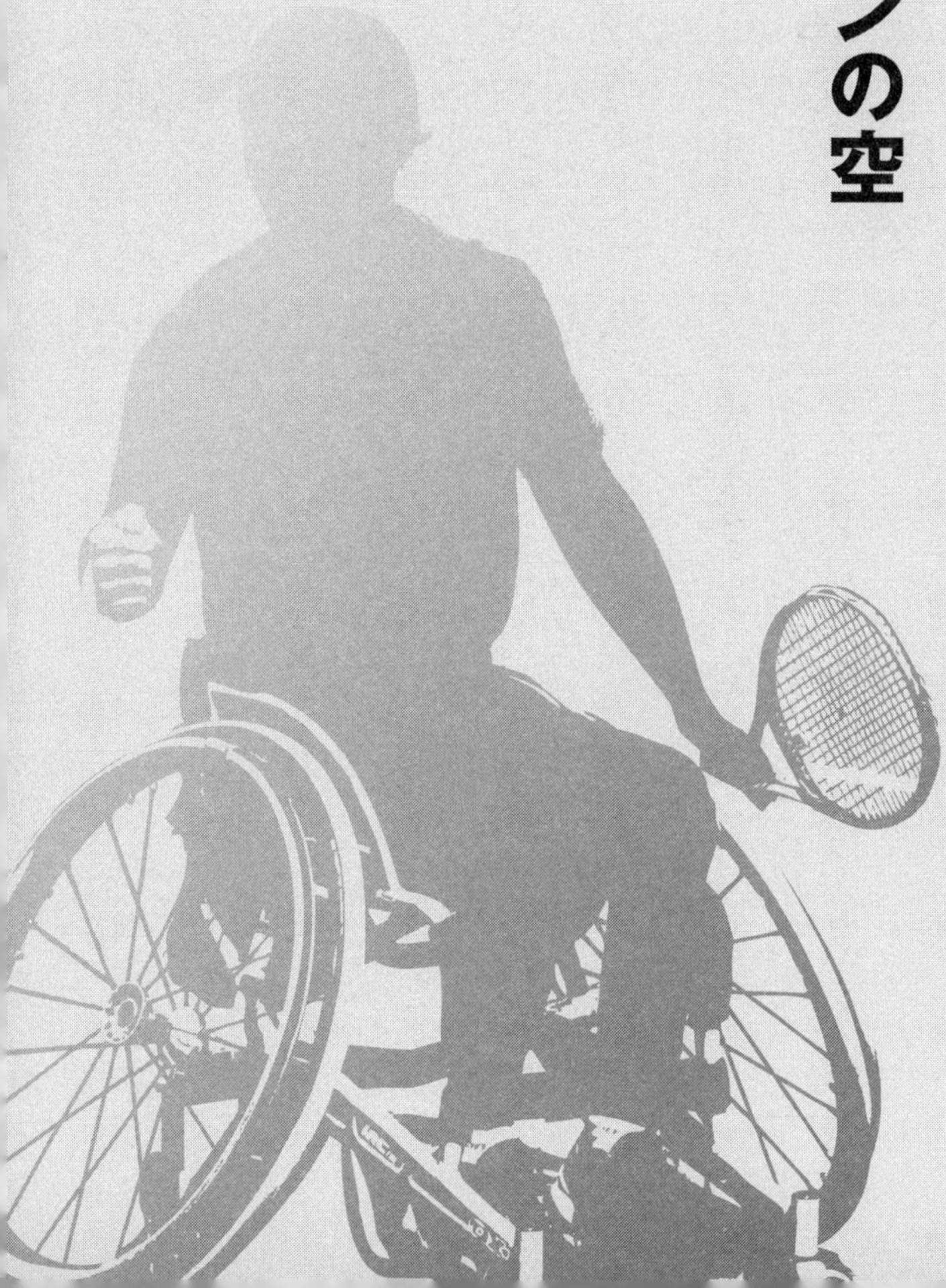

火事場のバカ力《ぢから》

2012年、ついにロンドンパラリンピックの年となりました。

拓也《たくや》はあせっていました。パラリンピックの車いすテニス男子の代表わくは4人。拓也《たくや》の公式試合《じあい》での実績《じっせき》では、今、5番手となっています。

5月、拓也《たくや》はイスラエルでの大会へと飛《と》び立《た》ちました。ここで優勝《ゆうしょう》できなければ、代表にはなれません。

その崖《がけ》っぷちの試合《しあい》で、拓也《たくや》は燃《も》えるような願《ねが》いを、チェアに、ラケットにこめました。

(ロンドンパラに出るんだ！　ロンドンパラに出るんだ！)

はずむ息の間から、お母さんと丸山《まるやま》コーチの顔が何度も浮《う》かんできます。

こんなことは、はじめてです。

拓也《たくや》はぐんぐん勝ちあがっていき、ついに優勝《ゆうしょう》をつかみとりました。

「三木《みき》は土壇場《どたんば》で、火事場のバカ力《ぢから》が出るんだなあ。」

丸山《まるやま》コーチが笑《わら》って、拓也《たくや》の背中《せなか》をパシパシたたきました。

拓也《たくや》は、国枝慎吾選手《くにえだしんごせんしゅ》、齋田悟司選手《さいださとしせんしゅ》、眞田卓選手《さなだたかしせんしゅ》という先輩《せんぱい》とともに、ついにロンドンへのきっぷを手にしたのです。

「決まったよ！」

拓也《たくや》からの電話を受けた出雲《いずも》の三木家《みきけ》は、よろこびにわきました。お母さんは涙《なみだ》ぐみ、ふたりの弟が歓声《かんせい》をあげました。

おばあちゃんは、

「こんなすばらしい孫《まご》はいない。世界一の孫《まご》だよ。」

と、顔をくしゃくしゃにしました。

そして、これまでは応援《おうえん》よりも心配の方が大きかったお父さんは、

「よかった、よかった……。」

と、何度も何度もつぶやいていました。

花火を見あげて

飛行機《ひこうき》は高度を落とし、ロンドンの上空にさしかかりました。緑の畑や草原の間から、巨大《きょだい》な空港がせまってきます。

「来たぞ！　ロンドンだ。」

拓也《たくや》の胸《むね》が熱《あつ》くなりました。

２０１２年８月、ロンドンパラリンピックの開幕《かいまく》です。参加《さんか》するのは、これまでもっとも多い１６４の国と地域《ちいき》から、約《やく》４２８０人の選手《せんしゅ》たち。29日午後８時30分、スタジアムと選手村《せんしゅむら》の上空に小型飛行機《こがたひこうき》が現《あらわ》れました。

第7章　ロンドンの空

左右の翼《つばさ》から、花火のように光の帯《おび》がふりそそいでいます。開会の合図です。この飛行機《ひこうき》のパイロットも、障《しょう》がいのある人とのこと。

ダンスなどのさまざまなパフォーマンスのあと、各国《かっこく》の選手団《せんしゅだん》が入場しました。日本からは、１３４人の選手《せんしゅ》が出場、20競技《きょうぎ》中、17競技《きょうぎ》に参加《さんか》します。

拓也《たくや》は席《せき》をうめつくす観客《かんきゃく》に手をふりながら、車いすを進めました。

スタジアムは、夜空に浮《う》かぶ宇宙船《うちゅうせん》のようです。その一角《いっかく》に、聖火《せいか》が金色に燃《も》えあがりました。

パパパパーン！　花火が打ちあげられ、空をいろどりました。

（ああ、出られたんだなあ。おれ、今、パラリンピックの開会式にいる！）

よろこびと興奮《こうふん》が、拓也《たくや》の体じゅうをかけめぐりました。

開会式で「終わった」？

センターコート※では、5000人もの大観衆《だいかんしゅう》の拍手《はくしゅ》が鳴《な》りひびいています。けれどもそれは、拓也《たくや》に対してではなく、対戦相手《たいせんあいて》のイギリスの有望選手《ゆうぼうせんしゅ》へのものでした。

シングルス第《だい》1戦《せん》は、あっさりと終わってしまいました。コートをあとにした拓也《たくや》は、青ざめました。

（あれ？　おれ、今何やってたの？　負けちゃったぞ。）

1回戦《かいせん》で敗退《はいたい》。それなのに、自分がどう動いてどうミスし、なぜ点をとられ続《つづ》けていたのか、はっきりとふり返ることができません。自分らしいテニスができないまま、終わっていたのです。

（ロンドンまで何しに来たんだ、おれ？　開会式に感激《かんげき》して、それで気持ちが「終わっちゃった」？）

拓也《たくや》は雲の多い灰色《はいいろ》のロンドンの空を見あげました。

（開会式のためにロンドンに来たんじゃない。おれ、日本代表なんだぞ！

目をさませ。次はダブルスだ。）

ペアを組むのは、先輩《せんぱい》の眞田《さなだ》卓《たかし》選手《せんしゅ》です。

試合《しあい》がはじまると、拓也《たくや》のチェアが、ラケットが、ようやく思い通りに動き出しました。シングルスのときとは、まるでちがう、なめらかでスピードのあるチェアワーク、力強いショットです。

眞田《さなだ》・三木《みき》ペアはポイントを重ねていきました。

そして、準々決勝《じゅんじゅんけっしょう》進出。パラリンピック初出場《はつしゅつじょう》にして、ベスト8《エイト》に入ることができたのです。

※センターコート…大会のなかで、もっとも多くの観客《かんきゃく》を収容《しゅうよう》でき、主要《しゅよう》な試合《しあい》がおこなわれる中央のコート。

ロンドンパラリンピックで、拓也《たくや》は眞田《さなだ》卓《たかし》選手《せんしゅ》とダブルスを組んで戦《たたか》った。手前が拓也《たくや》で奥《おく》が眞田《さなだ》選手《せんしゅ》。

写真／エックスワン

Paralympic Games

（おれ、神がかっていた感じ？）

自分でもそんな気がしたほど、いい試合《しあい》ができました。

「おつかれさま！」

試合《しあい》のあと、日本から応援《おうえん》に来てくれた、お母さんとお父さん、弟の航太《こうた》と翔伍《しょうご》がかけよってきました。

「次に向けてがんばって！」

「4年後のリオデジャネイロは、もっと上をねらおうね！」

テニスは、ロンドンパラリンピックまで。終わったら大学にもどる――。お父さんから示《しめ》されていたこの条件《じょうけん》は、この2年間の拓也《たくや》の努力《どりょく》と活躍《かつやく》によって、すでに家族の頭からぬけていました。

休学していた大学は中退《ちゅうたい》し、日本のトップアスリートとしての道を、さらにのぼっていくことになったのです。

第8章

再《ふたた》びの試《し》練《れん》からリオへ

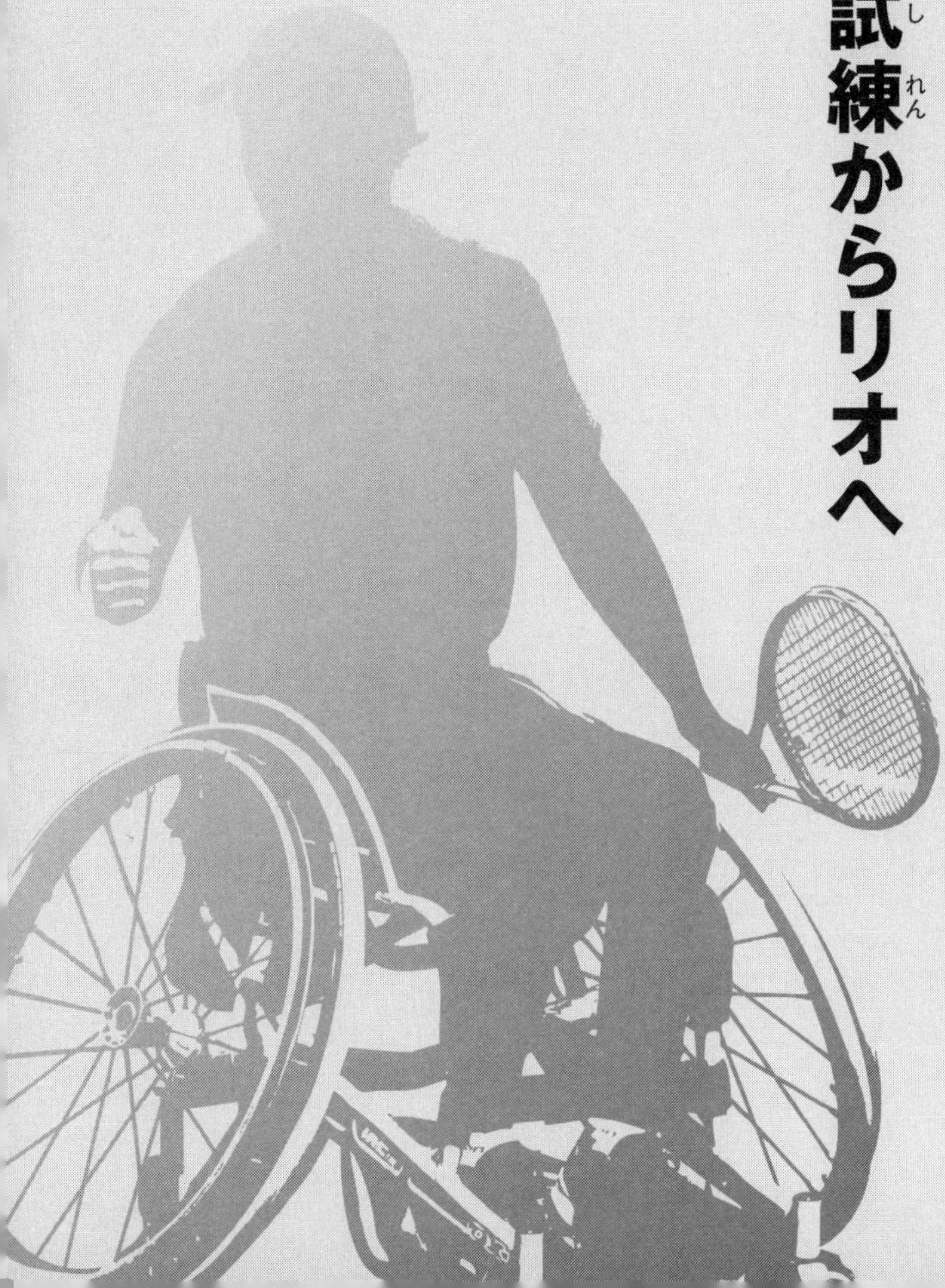

肩《かた》の痛《いた》み

ロンドンパラリンピックから2年後の2014年。次のリオデジャネイロパラリンピックをめざしていたころのことです。拓也《たくや》は自分でもぐんぐん力がついてきたのを感じていました。6月の全仏《ぜんふつ》オープンにも出場し、世界ランキングは大会にいどむごとにあがり、ついに、11位《い》から8位《い》になっていました。

翌《よく》7月、丸山《まるやま》コーチとともに、愛知県《あいち》豊田市《とよた》でトレーニングをしていたときのことです。

「いたーっ!」

試合中《しあいちゅう》、サーブを決めたとたん、右肩《みぎかた》に痛《いた》みが走りました。試合後《しあいご》に病院

にかけこむと、

「肩《かた》に無理《むり》がかかり、靭帯《じんたい》※がのびきっています。」

との診断《しんだん》でした。

「これはむずかしいですね。治《なお》らないかもしれません。」

医師《いし》のそのことばに、拓也《たくや》は打ちのめされました。

（ようやくここまで来たのに！　そんな……。）

とにかく2か月間は右肩《みぎかた》を動かさないように、とのことです。

リオではメダルをとりたい。そのために、できるだけ早くグランドスラムを達成《たっせい》しよう、と考えていた矢先《やさき》のことでした。

そんなとき、四大大会のひとつである、全米《ぜんべい》オープンの招待状《しょうたいじょう》がとどきました。

※靭帯《じんたい》…骨《ほね》と骨《ほね》を結《むす》びつける役目《やくめ》をしている、ひものようなもの。

(せっかくの招待選手《しょうたいせんしゅ》なのに！　何やってるんだ、おれ。)

泣《な》く泣《な》く、招待《しょうたい》をことわるしかありませんでした。

丸山《まるやま》コーチや家族にも、衝撃《しょうげき》が走りました。

「治《なお》ることを信《しん》じよう。その間、右肩《みぎかた》を動かさなくてもできるトレーニングを続《つづ》けよう。」

丸山《まるやま》コーチが、新しいトレーニングメニューを考えてくれました。しかし、拓也《たくや》の胸《むね》は不安《ふあん》でふさがれていました。

(もし、治《なお》らなかったら？　今、一番のびている時期なのに。それに、治《なお》ったとしても、治《なお》る前と同じレベルにもどれるんだろうか？)

そんな思いがどうどうめぐりし、気持ちがトレーニングに向かいません。

拓也《たくや》のようすに丸山《まるやま》コーチは顔をしかめます。

「ランキング1位《い》をめざしたいんだろ？　今できるトレーニングを、地道にやることが大切なんじゃないのか。」

お母さんも、

「どんな環境《かんきょう》に置《お》かれても、できることはあるはずよ。それをせいいっぱいやっていこうよ。」

とはげましてくれました。

「だいじょうぶ、治《なお》りますよ」

丸山《まるやま》コーチやお母さんが、心から拓也《たくや》のことを案《あん》じてくれているのは、よくわかります。

しかし、車のドアを、手の力だけでそっと開けようとしても、ズキッと右《みぎ》肩《かた》に痛《いた》みが走る状態《じょうたい》です。右肩《みぎかた》を動かさないはずのトレーニングメニューでも、やはり痛《いた》みます。

肩《かた》というものは、体のあちらこちらの部位《ぶい》の筋肉《きんにく》や神経《しんけい》とつながっていることを、こんなときに実感《じっかん》することになりました。

(こんなに痛《いた》みがある状態《じょうたい》で、このトレーニングをしてもいいんだろうか。だいじょうぶなんだろうか。)

それは、不安《ふあん》を通りこして、恐怖《きょうふ》でした。

ちょうどそのころ、東京都北区《とうきょうときた》にあるナショナルトレーニングセンターと国立スポーツ科学《かがく》センターが、パラスポーツの選手《せんしゅ》も使えることになりました。それまでは、健常者《けんじょうしゃ》のスポーツのみに使用が許《ゆる》され、障《しょう》がい者《しゃ》のスポーツについては、パラリンピック選手《せんしゅ》でも使うことができなかったのです。

「三木《みき》!　東京《とうきょう》でトレーニングしよう。あっちの医者に診《み》てもらおう。」

丸山《まるやま》コーチのすすめで、拓也《たくや》はトレーニングセンター近くに引《ひ》っ越《こ》し、専《せん》門医《もんい》に診察《しんさつ》してもらいました。

「だいじょうぶ、治《なお》りますよ。」

そのことばが、なんと晴れやかに力強くひびいたことでしょう。体じゅうをおおっていた黒い重石《おもし》が、すっとはずれていくようでした。

治療《ちりょう》とリハビリ、そして右肩《みぎかた》に負担《ふたん》をかけないトレーニングが続《つづ》けられ、肩《かた》の痛《いた》みはしだいにおさまり、動かせるようになっていきました。

（1日も早く治《なお》ってくれ。試合《しあい》がしたい！）

けがをして半年後、ようやく海外遠征《えんせい》に復帰《ふっき》。調子は、なかなかもどらなかったものの、2015年、チェコインドア大会とカナダ国際《こくさい》大会で優勝《ゆうしょう》、2016年にはオーストラリアの大会で優勝《ゆうしょう》をかざることができました。

この2016年は、いよいよリオデジャネイロパラリンピックの年。

拓也《たくや》は、ロンドンのときと同じメンバーである、国枝選手《くにえだせんしゅ》、齋田選手《さいだせんしゅ》、眞田選手《さなだせんしゅ》とともに、日本代表の座《ざ》を勝ちとったのです。

滑走路《かっそうろ》でスイッチ・オン

２０１６年9月。飛行機《ひこうき》は、南半球《みなみはんきゅう》の空をブラジルめがけて飛《と》んでいます。

「もうすぐリオデジャネイロだ。」

拓也《たくや》は、飛行機《ひこうき》の小さな窓《まど》から、近づいてきた美しい海岸線《かいがんせん》を見おろしました。

南米《なんべい》では、はじめての開催《かいさい》となるリオデジャネイロパラリンピックは、9月7日開幕《かいまく》。約《やく》１６０の国と地域《ちいき》、そして初結成《はつけっせい》の難民《なんみん》チームをふくむ、約《やく》４３００人の選手《せんしゅ》が集《つど》います。日本からは１３２人の選手《せんしゅ》が参加《さんか》します。

飛行機《ひこうき》は、アントニオ・カルロス・ジョビン国際空港《こくさいくうこう》に到着《とうちゃく》。ドン、と車輪《しゃりん》が滑走路《かっそうろ》に機体《きたい》の重さをあずけたのがわかりました。

その瞬間《しゅんかん》、拓也《たくや》は、体と心にカチッと、スイッチが入ったのを感じました。

「よーし、勝つぞ。勝てるぞ。」

全身の筋肉《きんにく》がはずむようで、今すぐ試合《しあい》がはじまっても、球《たま》を追って走りだせそうです。

試合前《しあいまえ》の練習でも、ベストコンディションで動けました。丸山《まるやま》コーチが、日に焼《や》けた顔をほころばせます。

「三木《みき》、いいぞ！　おまえ勝つよ。」

(よし！　メダルをとるぞ。)

拓也《たくや》のチェアはコートを軽がるとかけまわり、ラケットは力強く球《たま》をとらえました。

まずシングルスでは、1回戦《かいせん》、2回戦《かいせん》と勝ち進んでいき、これまで一度も勝てなかった選手《せんしゅ》を下《くだ》した試合《しあい》もありました。ついに準々決勝《じゅんじゅんけっしょう》進出。ここでおしくも破《やぶ》れ、メダルには手がとどきませんでしたが、ベスト8《エイト》入りをはたしたのです。

眞田《さなだ》選手《せんしゅ》と組んだダブルスでも、この4年間で一番いいプレーと感じたほどの試合《しあい》ができ、準決勝《じゅんけっしょう》に勝ち進みました。決勝《けっしょう》進出はかないませんでしたが、3位決定戦《いけっていせん》が待っていました。勝てば銅《どう》メダルです。

その対戦《たいせん》相手は、国枝慎吾《くにえだしんご》選手《せんしゅ》・齋田悟司《さいださとし》選手《せんしゅ》でした。このペアは、アテネパラリンピックで金メダル、北京《ペキン》パラリンピックで銅《どう》メダルを獲得《かくとく》しています。いつかは、戦《たたか》わなければならない相手でした。

「たおそう！」

「勝ちにいきましょう！」

眞田選手《さなだせんしゅ》と拓也《たくや》は、力強く顔を見合わせました。

ふたりは、国枝《くにえだ》・齋田《さいだ》ペア相手に、攻《せ》めのテニスに徹《てっ》しました。拓也《たくや》が国《くに》枝選手《えだせんしゅ》とのラリーに競《せ》り勝《か》ち、ポイントをあげたセットもありました。

しかし、ベテランふたりの守りはかたく、どう攻《せ》めても球《たま》は確実《かくじつ》に返って、眞田選手《さなだせんしゅ》と拓也《たくや》のミスをさそいます。

勝利《しょうり》は国枝《くにえだ》・齋田《さいだ》ペアにかがやきました。

日本人同士《どうし》の戦《たたか》いにわく会場で、4人のプレーヤーはネットごしにかたい握手《あくしゅ》をかわしました。だれの目にも涙《なみだ》が光っていました。

9月18日、リオデジャネイロパラリンピックは閉幕《へいまく》。

次はいよいよ2020年、東京《とうきょう》――。

リオパラリンピックのダブルス、3位《い》決定《けってい》戦《せん》が終了《しゅうりょう》して握手《あくしゅ》をかわす4人。（国枝《くにえだ》選手《せんしゅ》、齋田《さいだ》選手《せんしゅ》ペアと、眞田《さなだ》選手《せんしゅ》、拓也《たくや》のペア）

写真／アフロスポーツ

第9章

そして東《とう》京《きょう》へ

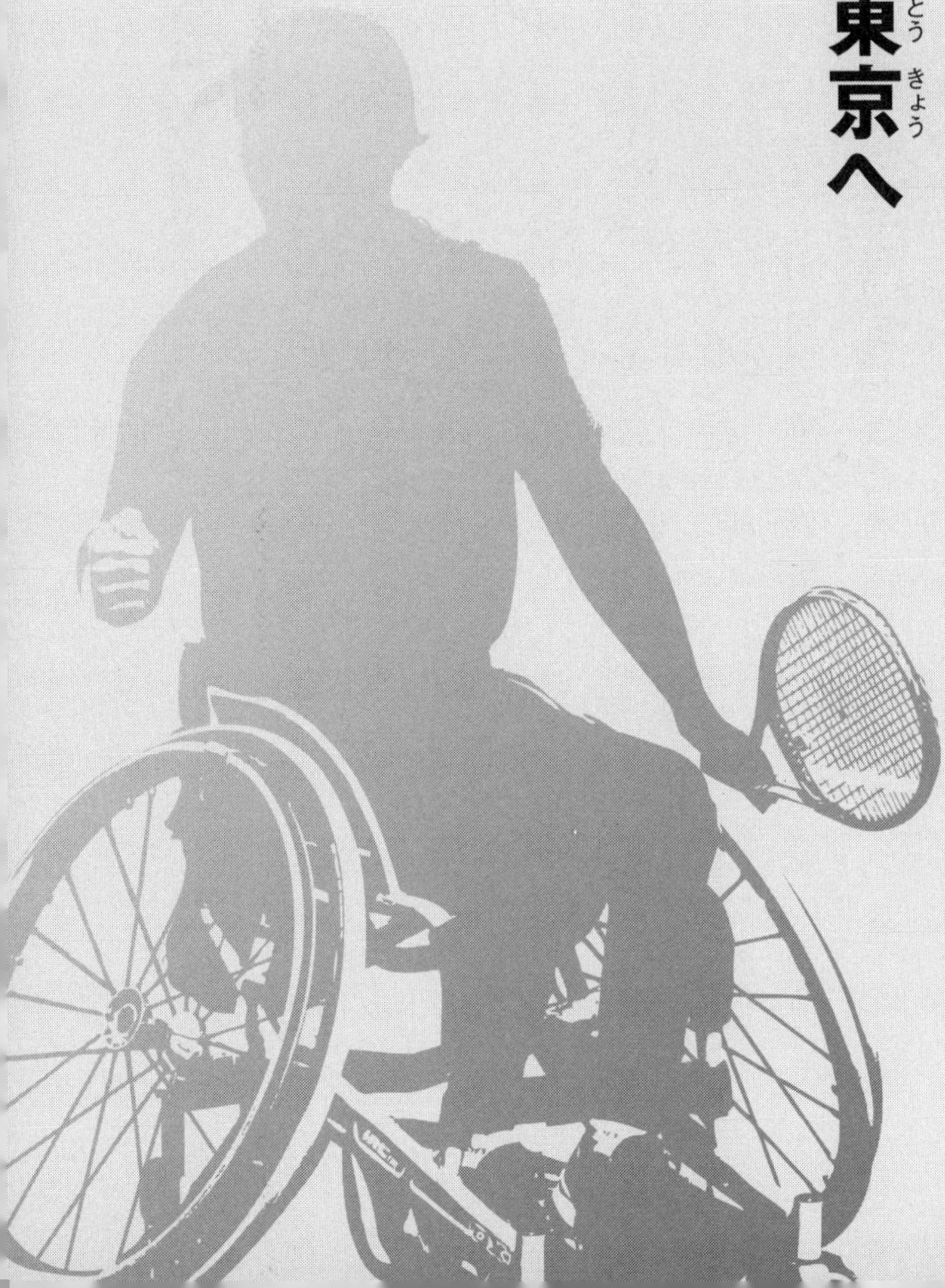

障《しょう》がい者《しゃ》スポーツは「スポーツ」

東京《とうきょう》パラリンピックまで、あと2年。現在《げんざい》、拓也《たくや》は、海外、国内ふくめ年間20回以上《いじょう》もツアー※に出ています。1年の約半分《やくはんぶん》は、旅の空の下です。

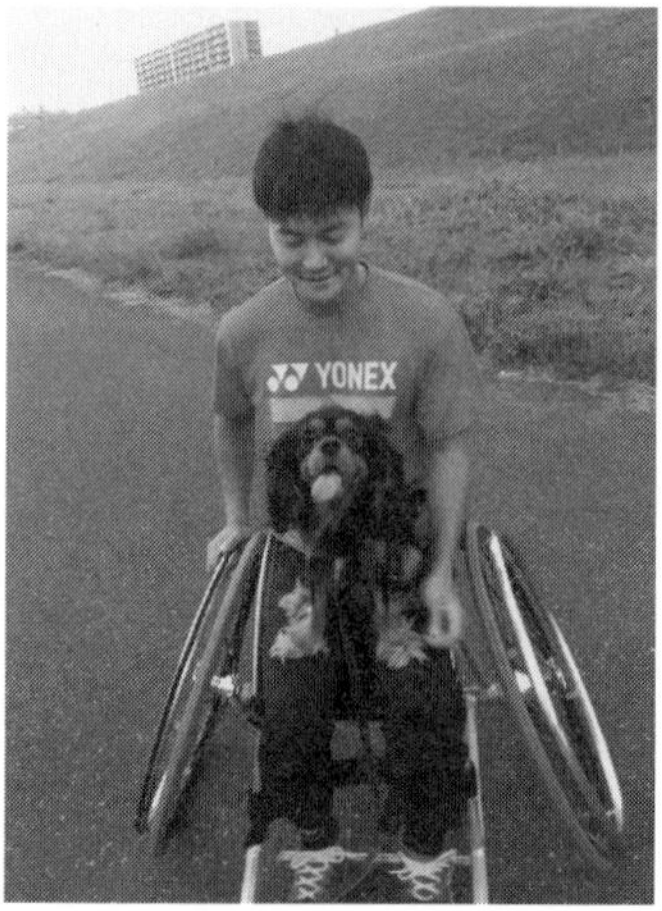
荒川《あらかわ》土手でトレーニング中、犬になつかれる。

実力をつけるには、試合《しあい》によって幅《はば》広《ひろ》い経験《けいけん》を積《つ》むことが欠《か》かせません。帰国し東京《とうきょう》にいるときは、朝6時から夕方まで練習にはげむ日々《ひび》です。チェアワークのトレーニングを1時間ほど、コート上で球《たま》を使っての練習を3時間、ほかにジムトレーニングなど、毎日6時間もの練習をこなしています。

それ以外《いがい》にも、近所の川の土手を車いすで7キロもランニングしたり、1000回もの素振《すぶ》りをおこなう日もあります。

2013年からはトヨタ自動車に所属《しょぞく》しているので、スポーツ関係《かんけい》のイベントなどで、車いすテニスの魅力《みりょく》を多くの人たちに紹介《しょうかい》することもあります。

※ツアー…遠征《えんせい》しての試合《しあい》。

トヨタ自動車東京《とうきょう》本社の従業員《じゅうぎょういん》によるボランティア活動、東京《とうきょう》MY《マイ》チャレンジ「Fun《ファン》 to《トゥ》 Clean《クリーン》」。1日ゴミ拾《ひろ》いWALK《ウォーク》で。

トヨタ西東京《にしとうきょう》カローラ50周年記念《しゅうねんきねん》元気祭りで、拓也《たくや》の車いすテニス体験《たいけん》教室が開催《かいさい》された。

ここ数年で、パラスポーツのイメージは少しずつ変《か》わってきた、と拓也《たくや》は感じています。以前《いぜん》のように「障《しょう》がい者《しゃ》がリハビリのためにやるスポーツ」という見方をする人は、減《へ》ってきています。しかし、それでも、日本ではまだまだ、パラスポーツは一般《いっぱん》のスポーツとまったく別《べつ》のものだと感じている人が多いようです。

（テレビや新聞《しんぶん》、雑誌《ざっし》なんかの取材《しゅざい》でも、アスリートとしてではなく、「障《しょう》がいに負けずにがんばっている人」というイメージで質問《しつもん》されているように感じることもあるな。

障《しょう》がい者《しゃ》スポーツは「スポーツ」だ。スポーツとして取材《しゅざい》して、スポーツとして楽しんで観戦《かんせん》してもらえるようにならないとな。）

東京《とうきょう》パラリンピックが近づくにつれて、障《しょう》がい者《しゃ》スポーツはますます話題《わだい》になり、盛《も》りあがっていくことでしょう。

拓也《たくや》は、そこも心配しています。

（わーっと盛《も》りあがったあとは、しぼんじゃうんじゃないだろうか。東京《とうきょう》パラリンピック以降《いこう》も、興味《きょうみ》や関心《かんしん》が根づいてほしい。スポーツとしての魅力《みりょく》を感じてほしいな。）

そして、パラリンピックでプレーするパラリンピアンの姿《すがた》を通して、障《しょう》がい者《しゃ》も健常者《けんじょうしゃ》と何も変《か》わらないということを感じてほしい。「障《しょう》がい」だって、その人の「個性《こせい》」。できないこともあるけど、それは健常者《けんじょうしゃ》でも同じ。だれだってそう――そんな思いが拓也《たくや》の胸《むね》にあります。

（だって、人はみな、ひとりひとりちがっていてあたりまえなのだから。）

病気の子どもたちに希望《きぼう》を

車いすテニスと出合い、無我夢中《むがむちゅう》でハンドリムをまわし続《つづ》けてきた8年間。思わぬ大病《たいびょう》をしたことで拓《ひら》かれた、アスリートへの道でした。

このところ、折《おり》にふれて思い出すことがあります。

それは、闘病中《とうびょうちゅう》に病院の「院内学級《いんないがっきゅう》」で出会った子どもたちのことです。（あの子たち、今ごろどうしているだろう。すっかり元気になって、大人《おとな》になっているといいけれど――。）

退院《たいいん》して大学生となりサッカーをはじめました、という連絡《れんらく》をくれた少年もいます。

その一方《いっぽう》で、拓也《たくや》が入院していたおよそ1年の間にも、いつのまにか姿《すがた》を見なくなってしまった子もいました。

葵《あおい》ちゃんという女の子は、進行の速い小児《しょうに》ガンで、まだ小学生になるかならないかの年ごろでした。いつも同じ年くらいの男の子と、楽しそうに遊んでいて、拓也《たくや》も、いっしょに積《つ》み木《き》などをしたことがありました。

（まだこんなに小さくて、こんなに明るい子が、小児《しょうに》ガンだなんて――。）

葵《あおい》ちゃんは、拓也《たくや》が退院《たいいん》するころ亡《な》くなりました。

退院後《たいいんご》、葵《あおい》ちゃんのお母さんとばったり出会ったことがあります。

「拓也《たくや》くん！　治《なお》ってよかったね。」

葵《あおい》ちゃんのお母さんは、笑顔《えがお》でそういい、心から拓也《たくや》の回復《かいふく》をよろこんでくれました。

（自分の小さな娘《むすめ》が亡《な》くなったばかりというのに――。なんて強くて優《やさ》しいんだろう。母親ってすごいな。）

葵《あおい》ちゃんのお母さんとは、今も家族《かぞく》ぐるみでおつきあいがあります。

拓也《たくや》は、葵《あおい》ちゃんの写真を大切に持っています。

葵《あおい》ちゃんが最後《さいご》に退院《たいいん》して家で過《す》ごしたときに、かわいいドレス姿《すがた》でうつした写真です。

海外遠征《えんせい》で美しい海や街《まち》なみなどに出合うと、拓也《たくや》は写真におさめ、葵《あおい》ちゃんのお母さんに送ります。

「葵《あおい》ちゃんに見せてあげてください。」というメッセージをそえて。

(葵《あおい》ちゃんの分までがんばろうな。)

拓也《たくや》はときどき、自分の胸《むね》に言い聞かせます。

自分は幸《さいわ》いにも元気になれた。だから、亡《な》くなった子どもたちに胸《むね》をはれるような生き方をしたい。

そして、病気で苦しむ子どもたちや、障《しょう》がいを負《お》ってしまった子どもたちに、自分の姿《すがた》を通じて、「だいじょうぶ、希《き》望《ぼう》を持とう」と伝《つた》えたい。障《しょう》がいがあっても、自分は自分。別《べつ》の人間になるわけではない、何も変《か》わることはないのだ、とも。

壁《かべ》のある人生はおもしろい

（あのつらい闘《とう》病《びょう》生活は、二度と経《けい》験《けん》したくはない。肩《かた》のけがにも泣《な》いた。大きな壁《かべ》を乗りこえてきたんだなあ。

でも――壁《かべ》のある人生のほうがおもしろい！）

今まで、何かをしたい、つかみたいと思うと、決まって拓《たく》也《や》の前に大きな壁《かべ》が立ちはだかりました。

そのとき、横にまわったり、近道したりしないで、しっかりと乗りこえること。壁《かべ》に向き合ううちに、自分のなかの弱い部分がわかってくる。弱い部分をみとめて努力《どりょく》をすれば、ひとまわり大きくなれる。拓也《たくや》はそんなふうに感じています。

（壁《かべ》があることで、大きくなれる。壁《かべ》は、自分の成長《せいちょう》に必要《ひつよう》なものかもしれないな。）

拓也《たくや》の車いすは、今日《きょう》もコートをかけまわっています。日本で、ヨーロッパで、アメリカで、オーストラリアで。

東京《とうきょう》パラリンピックでは、さらに、力強いショットを見せてくれることでしょう。

スピード感あふれる、華麗《かれい》なチェアワークとともに。

拓《たく》也《や》語《ご》録《ろく》

いつも努力《どりょく》が実《みの》るとは限《かぎ》らない。しかし、努力《どりょく》をしなければ、何ひとつ実《みの》らない。

いくら努力《どりょく》しても、どうにも夢《ゆめ》に手がとどかないことも、世の中にはある。だからといって、「どうせ無理《むり》だから」と、何もしなかったら、100パーセント、何も実《みの》らない。自分の夢《ゆめ》をかなえるために、せいいっぱいの努力《どりょく》をしてみよう。そして、ときには、その努力《どりょく》が本当に自分の夢《ゆめ》の大きさに見合うものか、考えてみよう。「努力《どりょく》しているつもり」で終わらないようにね!

できるかできないかで考えているうちは、夢《ゆめ》ではない。

コーチやトレーナーをめざしていたとき、理学療法士《りがくりょうほうし》になると決めたとき、パラリンピックに出たいと思い定《さだ》めたとき、「できるだろうか」という思いはなかった。「やりたい」しかなかった。そのためにどう努力《どりょく》するか、ということしか考えていなかった。そんな熱《あつ》い思いこそが、未来《みらい》への夢《ゆめ》そのものなんだ。できるだろうかと考えてばかりで、「どう努力《どりょく》するか」を考えないうちは、夢《ゆめ》とはいえないんだ。

ベストをつくしたか、つくしてないかは、心が知っている。

何かを終えたとき、心がモヤモヤしているのは、自分のベストをつくしていなかったから。自分の心にうそはつけない。自分をごまかすと、心がくもって見えなくなってしまうよ。

拓《たく》也《や》語《ご》録《ろく》

積《つ》み重《かさ》ねこそ軸《じく》となる。

ただトレーニングを続《つづ》けるのではない。ブレずに、同じ思考《しこう》、同じ意思《いし》を胸《むね》のなかでくり返し、積《つ》み重《かさ》ねていこう。それが自分のなかで、軸《じく》となるのだから。

やり切れば道が拓《ひら》く。

やるべきことを本当にやり切ったならば、自然《しぜん》と次へ進む道が見えてくる。結果《けっか》しか頭にないと、道が見えず、そこで行き止まりになってしまうんだ。

愛《あい》なくして夢《ゆめ》なし。

リオデジャネイロパラリンピックのあとに、丸山《まるやま》コーチが語った、「自分を愛《あい》せない者は何もかなえることができない」ということばがある。ぼくは、「テニスには過酷《かこく》な面、残酷《ざんこく》な面もある。ただ好《す》きだというだけでは乗りこえられないこともある。それらをすべて受け入れてこそ、テニスへの愛《あい》。その愛《あい》がなかったら、夢《ゆめ》にはつながらない」というふうにとらえている。

世界を飛《と》びまわる拓也《たくや》

2017年、チェコ・プラハカップで、ベルギーの選手《せんしゅ》と練習後に。

2017年、スイスオープンで、優勝記念《ゆうしょうきねん》にフランスの選手《せんしゅ》と。

2017年11月、オランダのマスターズ出場のとき。電車のなかで。

2017年9月、アメリカのRTR《アールティーアール》車いすテニストーナメントで、優勝《ゆうしょう》したときに。
(上) 拓也《たくや》の右にいるのは、アメリカ遠征《えんせい》のときの拓也《たくや》の練習相手。
(下) 対戦《たいせん》相手のオーストラリアの選手《せんしゅ》と握手《あくしゅ》。

コラム

車いすテニスのおもな大会

国際《こくさい》テニス連盟《れんめい》（ITF《アイティーエフ》）が定《さだ》めたもっとも大きな大会として、全豪《ぜんごう》オープン（オーストラリア）、全仏《ぜんふつ》オープン（フランス）、ウィンブルドン選手《せんしゅ》権《けん》（イギリス）、全米《ぜんべい》オープン（アメリカ）があり、世界四大大会とよばれています。どの大会にも、車いすテニスの部が設《もう》けられています。

　ひとつ下のグレードとしてスーパーシリーズがあり、日本ではジャパンオープン（福岡《ふくおか》県飯塚《いいづか》市）があります。

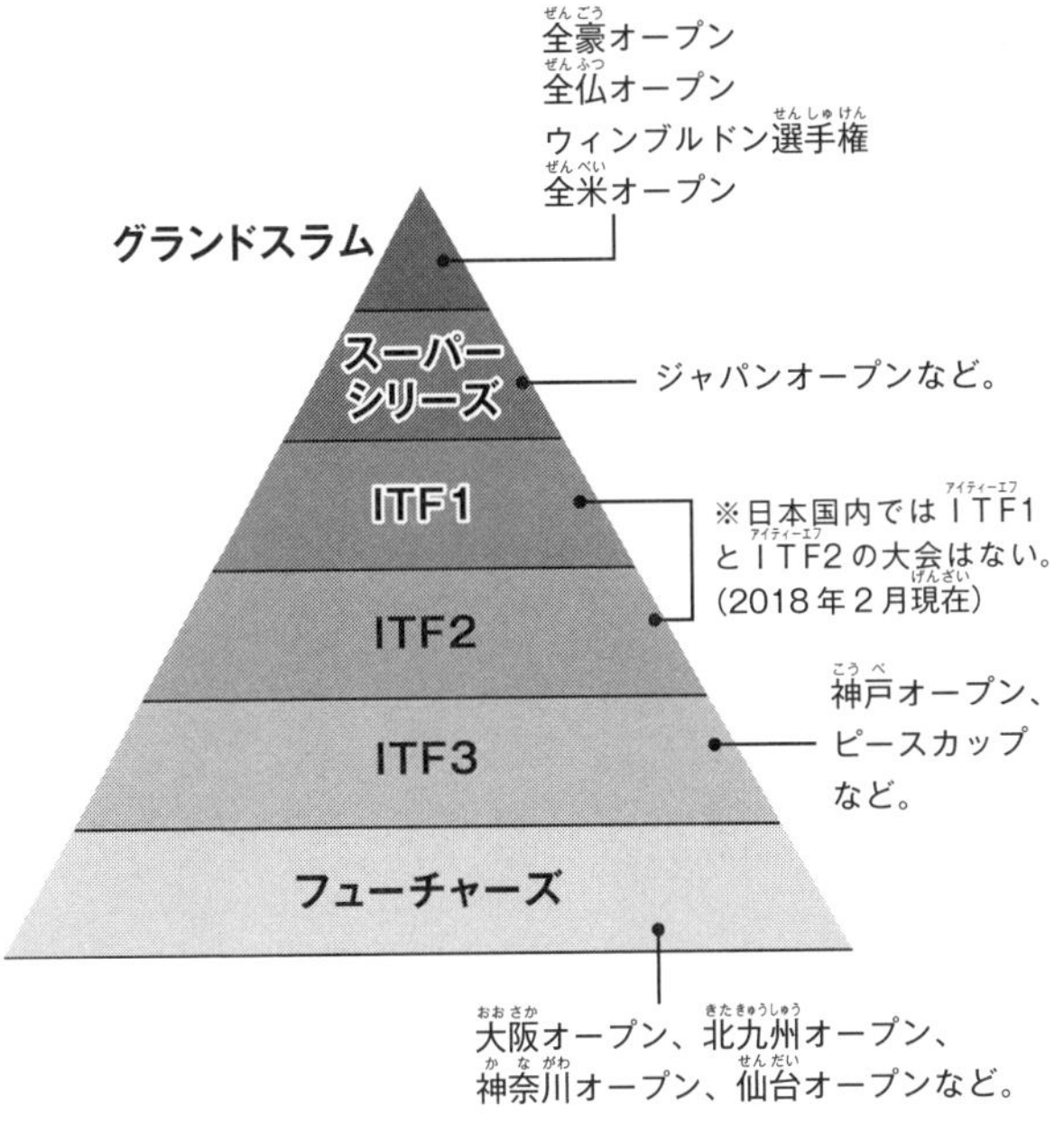
全豪《ぜんごう》オープン
全仏《ぜんふつ》オープン
ウィンブルドン選手権《せんしゅけん》
全米《ぜんべい》オープン
グランドスラム
スーパーシリーズ
ジャパンオープンなど。
ITF1
※日本国内ではITF《アイティーエフ》1とITF《アイティーエフ》2の大会はない。（2018年2月現在《げんざい》）
ITF2
神戸《こうべ》オープン、ピースカップなど。
ITF3
フューチャーズ
大阪《おおさか》オープン、北九州《きたきゅうしゅう》オープン、神奈川《かながわ》オープン、仙台《せんだい》オープンなど。

コラム

車いすテニスってどんなスポーツ？

車いすに乗ってラケットでボールを打ち合うスポーツです。車いすでのなめらかですばやい動きや、力強いサーブやラリー（打ち合い）などが魅力《みりょく》です。

■はじまりは車いすの開発《かいはつ》

障《しょう》がいのある人たちが、楽しみとして車いすでテニスボールを打ち合うことは、昔からありました。

競技《きょうぎ》スポーツとしたのは、パークスというアメリカの18歳《さい》の男性《だんせい》です。彼《かれ》は、けがにより下半身が動かなくなりましたが、車いすで本格的《ほんかくてき》なテニスをしたいと願《ねが》い、1976年、友人とともに競技用《きょうぎよう》の車いすを開発《かいはつ》しました。「ツーバウンドテニス」（2回のバウンド以内《いない》に球《たま》を返すテニス）のルールも整備《せいび》しました。

■アメリカから世界へ、パラリンピックへ

翌年《よくねん》、パークスはエキジビジョン（公開模範試合《こうかいもはんじあい》）をおこない、話題《わだい》を集めます。その後、ロサンゼルスで初《はつ》のトーナメント戦《せん》が開かれました。1980年代になると、アメリカ各地《かくち》で試合《しあい》がおこなわれるようになりました。初《はつ》の「全米《ぜんべい》オープン」が開催《かいさい》されたのも、このころです。この波は、世界各地《かくち》へ広がっていきました。

パラリンピックの正式種目《しゅもく》となったのは、1992年のバルセロナ大会からで、男女のシングルスとダブルスの試合《しあい》がおこなわれました。2004年のアテネパラリンピックから、クアードクラス（三肢以上《さんしいじょう》の障《しょう》がいがあるクラス）の男女シングルスとダブルスが加《くわ》わりました。

■日本は強豪国《きょうごうこく》

日本に伝《つた》わったのは、1983年のこと。ハワイのマラソン大会に車いすで参加《さんか》した松尾清美《まつおきよみ》さんが、現地《げんち》で車いすテニスを知り、日本に紹介《しょうかい》しました。

1985年には、福岡県飯塚市《ふくおかけんいいづかし》で、日本ではじめての国際《こくさい》大会「第1回飯塚国際《いいづかこくさい》車いすテニス大会（ジャパンオープン）」が開催《かいさい》され、大きな広がりとなっていきました。

1988年、国際《こくさい》車いすテニス連盟《れんめい》が誕生《たんじょう》。最初《さいしょ》の加盟国《かめいこく》として、アメリカやイギリスと並《なら》んで、日本もいち早く名を連《つら》ねます。

今や日本は強豪国《きょうごうこく》。世界大会やパラリンピックで、日本人選手《せんしゅ》が大活躍《だいかつやく》しています。

コラム

車いすテニスの種目《しゅもく》とクラス分け

種目《しゅもく》

男子ダブルス

男子シングルス

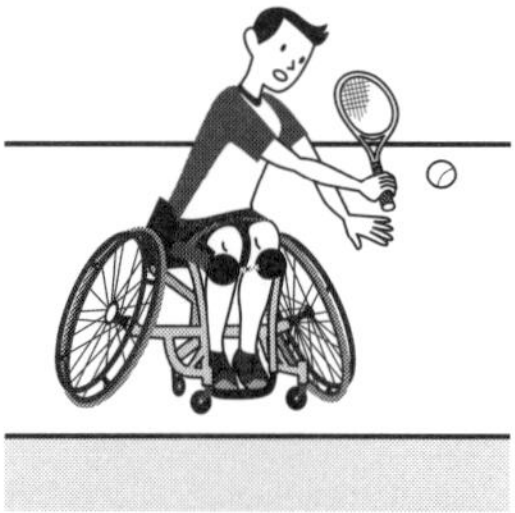

女子ダブルス

女子シングルス

クアードダブルス

クアードシングルス

クラス分け

女子

脊髄《せきずい》（背骨《せぼね》を通る神経《しんけい》）を損傷《そんしょう》したり、足の切断《せつだん》などにより、下肢《かし》（足）に障《しょう》がいがあり、車いすを使っている女子選手《せんしゅ》のクラス。

男子

脊髄《せきずい》（背骨《せぼね》を通る神経《しんけい》）を損傷《そんしょう》したり、足の切断《せつだん》などにより、下肢《かし》（足）に障《しょう》がいがあり、車いすを使っている男子選手《せんしゅ》のクラス。

クアード

クアードとは、英単語《えいたんご》の quadriplegia《クアドリプリージア》(＝四肢《しし》（両手と両足）のまひ）ということばを語源《ごげん》とし、三肢以上《さんしいじょう》の障《しょう》がいがある選手《せんしゅ》のクラスです。ダブルスは男女でペアを組むこともできます。手の力が弱い選手《せんしゅ》には、ラケットと手をテープで固定《こてい》したり、電動《でんどう》車いすを使うことも認《みと》められています。

三肢《さんし》を切断《せつだん》している選手《せんしゅ》も、このクラスでプレーします。

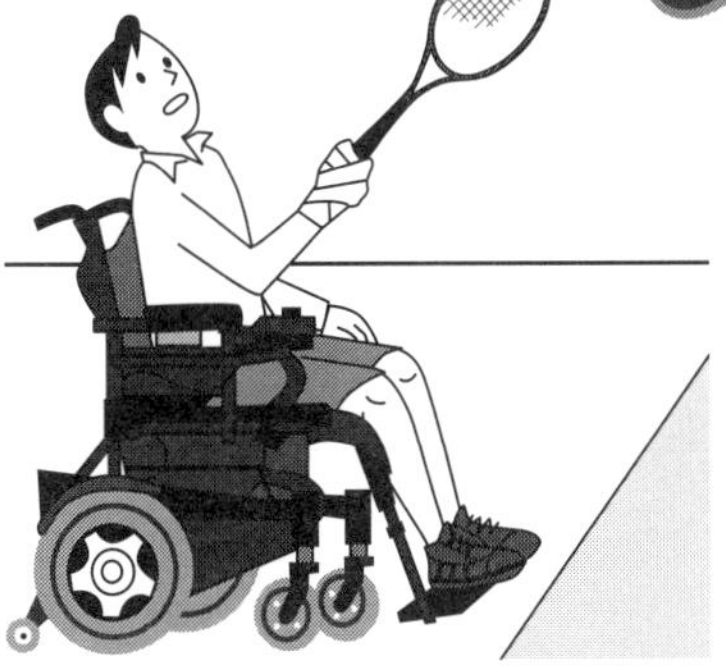

車いすを操作《そうさ》するのがむずかしい選手《せんしゅ》は、電動《でんどう》車いすを使います。

コラム

車いすテニスの基《き》本《ほん》ルール

コートの大きさや基本的《きほんてき》なルールは、足を使うテニスと同じです。

大きくちがうのは、足を使うテニスでは、相手からの球《たま》は1バウンド以内《いない》に返さなければなりませんが、車いすテニスでは、2バウンド以内《いない》と認《みと》められていることです。

打った球《たま》は、1バウンド目はコートの中に入らなくてはいけませんが、2バウンド目

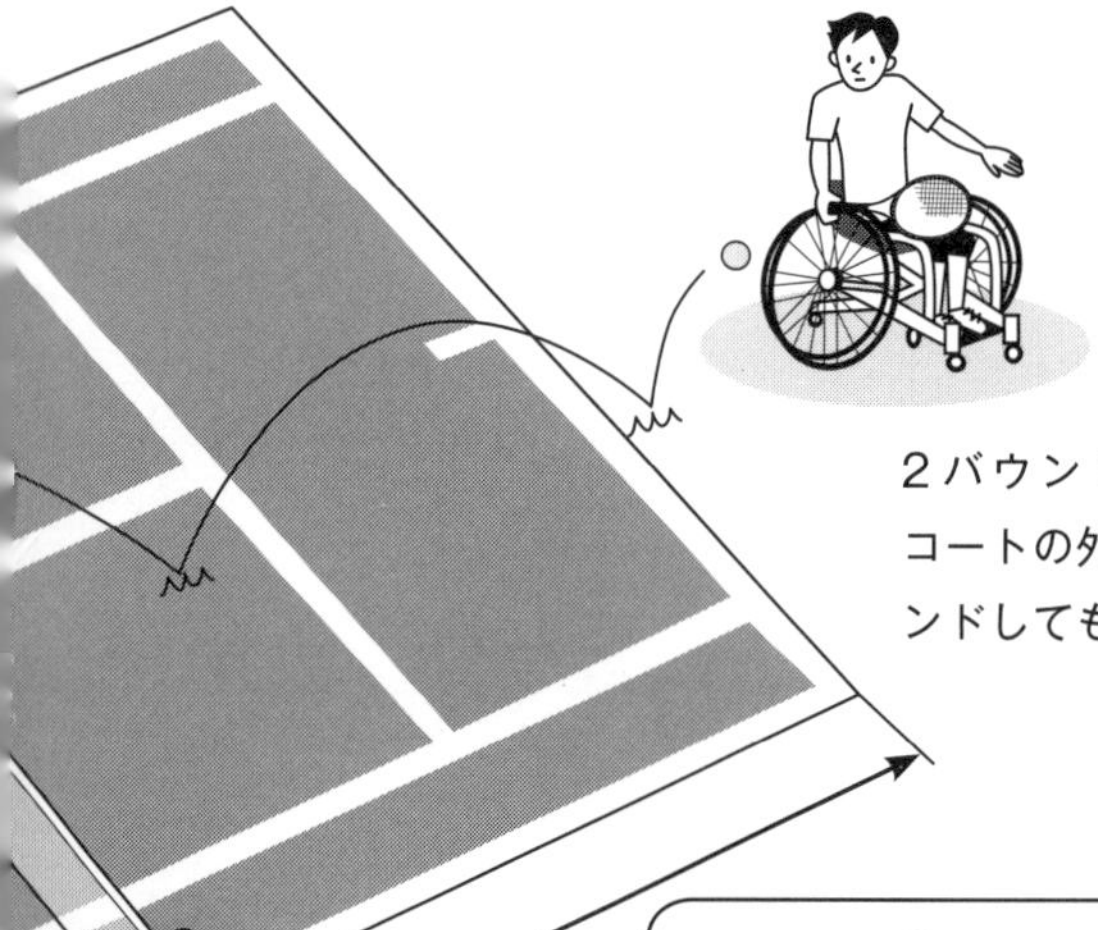

2バウンド目は、コートの外にバウンドしてもよい。

足を使うテニスでは、ノーバウンドまたは1バウンドで打ち返す。

はコートの外に出てもかまいません。サーブするときに、車いすの車輪《しゃりん》は、センターマークを仮想延長《かそうえんちょう》した線と、サイドラインを仮想延長《かそうえんちょう》した線に触《ふ》れてはいけません。

クアードでは、選手以外《せんしゅいがい》の人が地面にワンバウンドさせたボールを選手《せんしゅ》が打って、サーブとすることができます。

シングルスとダブルスのサーブをおこなえる場所

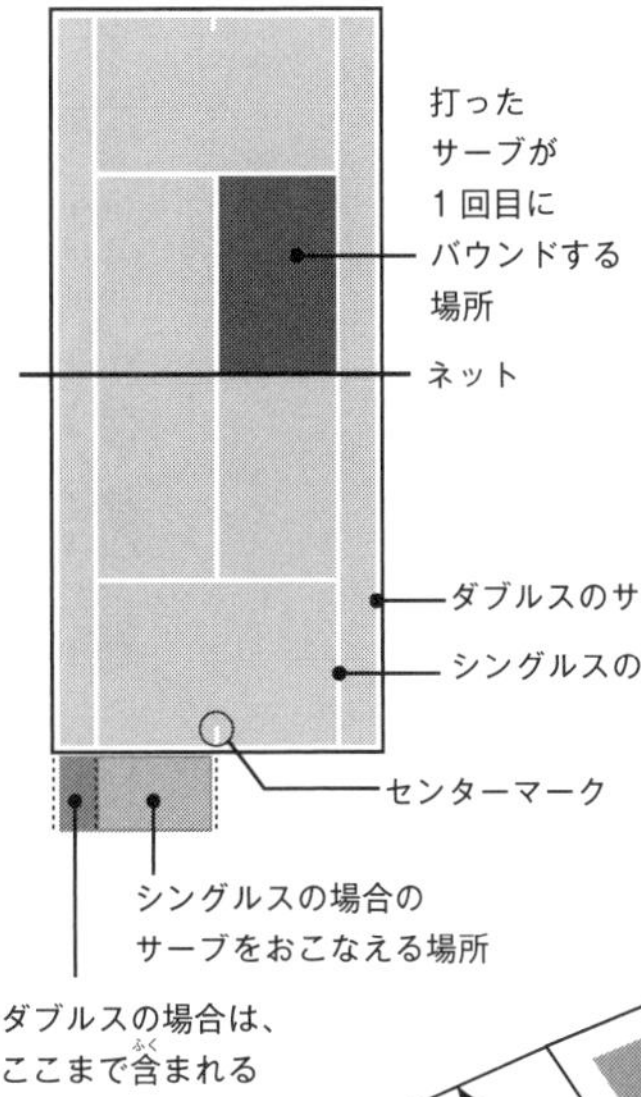
打ったサーブが1回目にバウンドする場所
ネット
ダブルスのサイドライン
シングルスのサイドライン
センターマーク
シングルスの場合のサーブをおこなえる場所
ダブルスの場合は、ここまで含《ふく》まれる

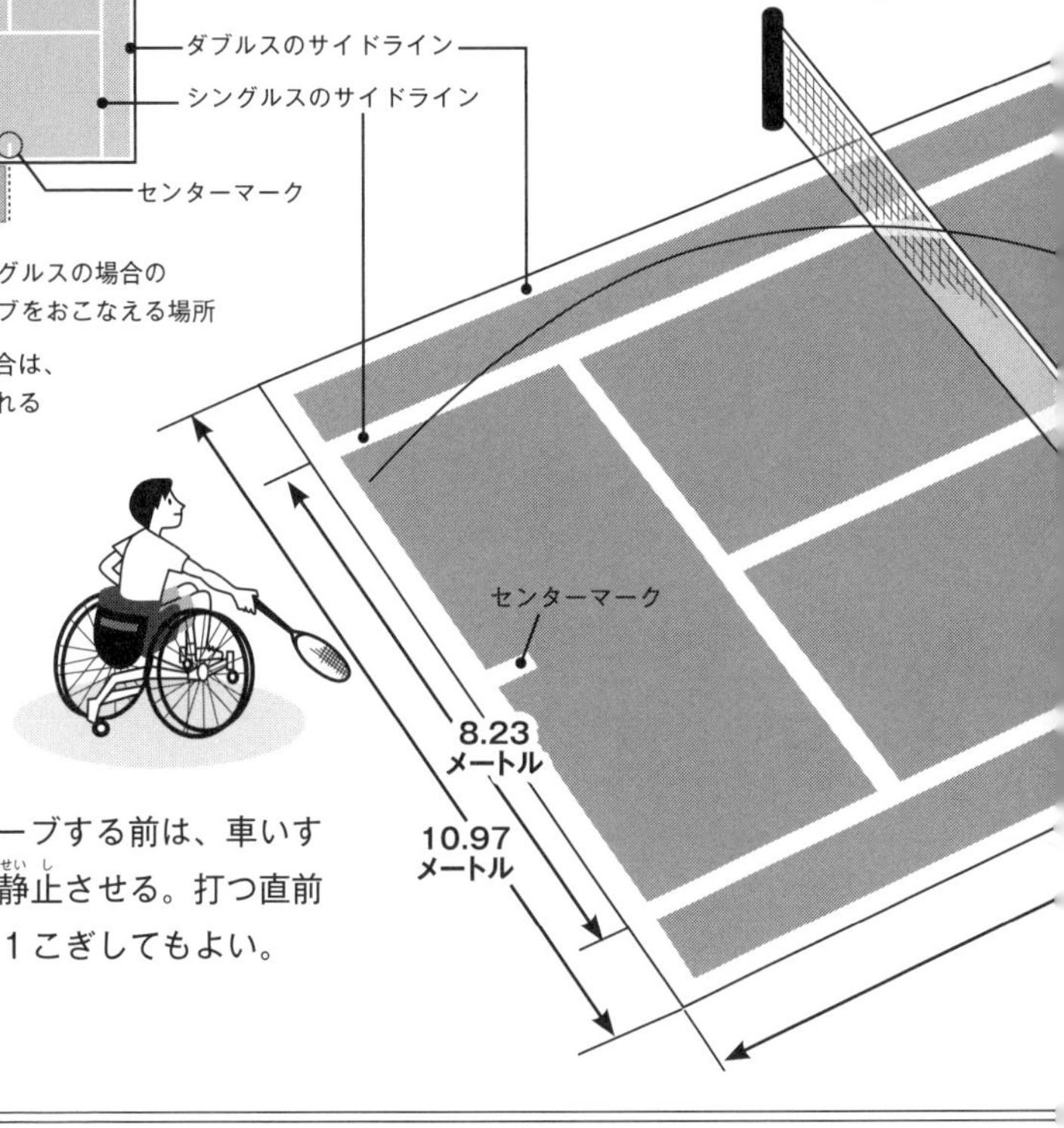
センターマーク
8.23メートル
10.97メートル

サーブする前は、車いすを静止《せいし》させる。打つ直前に1こぎしてもよい。

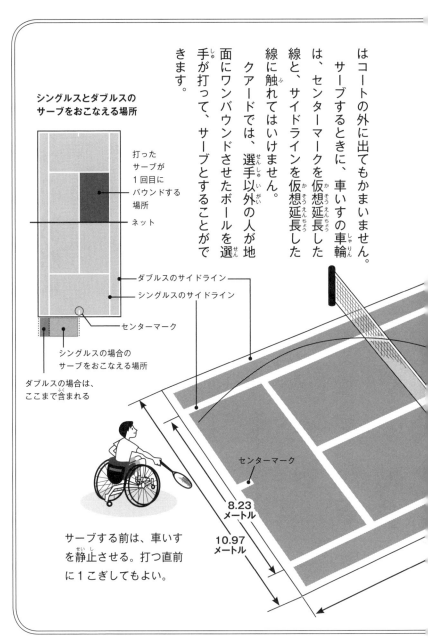

コラム

車いすテニスの用具

競技用車《きょうぎよう》いすは、タイヤの角度が「ハの字《じ》型《がた》」。これにより、すばやい回転が可能《かのう》になっています。

また、激《はげ》しい動きをしても倒《たお》れないよう、前にふたつ、後ろにひとつ、小さなキャスターがついています

選手同士《せんしゅどうし》がぶつかることはないので、車いすバスケットボールの車いすのような保護用《ほごよう》のバンパーは、ついていません。

ラケットやボールは、足を使うテニスと同じです。

一般的《いっぱんてき》な車いす

タイヤは平行で、ブレーキやひじかけなどがついています。体をささえるために、背《せ》もたれは高く、後ろには、介助者《かいじょしゃ》が押《お》すためのグリップ（取っ手）があります。

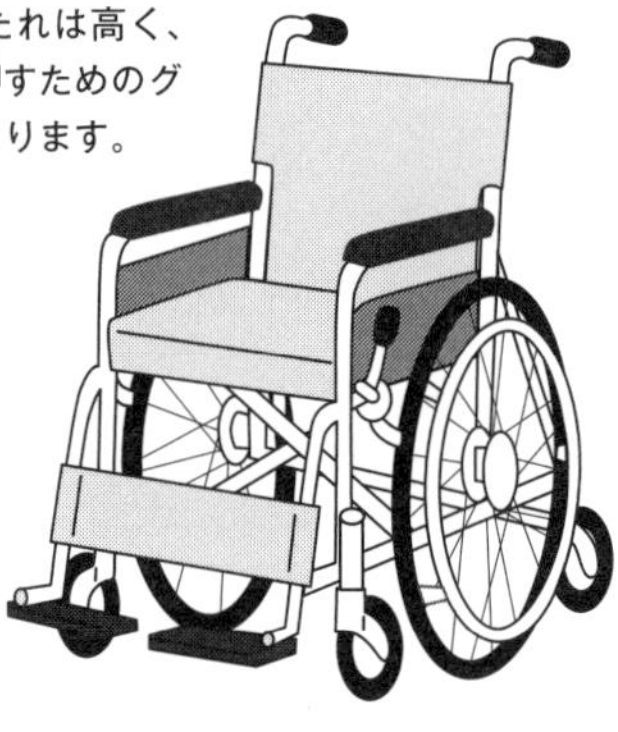

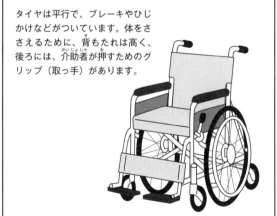

車いすテニスで使う競技用《きょうぎよう》車いす

選手《せんしゅ》たちが使う競技用《きょうぎよう》車いすは軽量《けいりょう》で、動かしやすいようにさまざまな工夫《くふう》がされています。

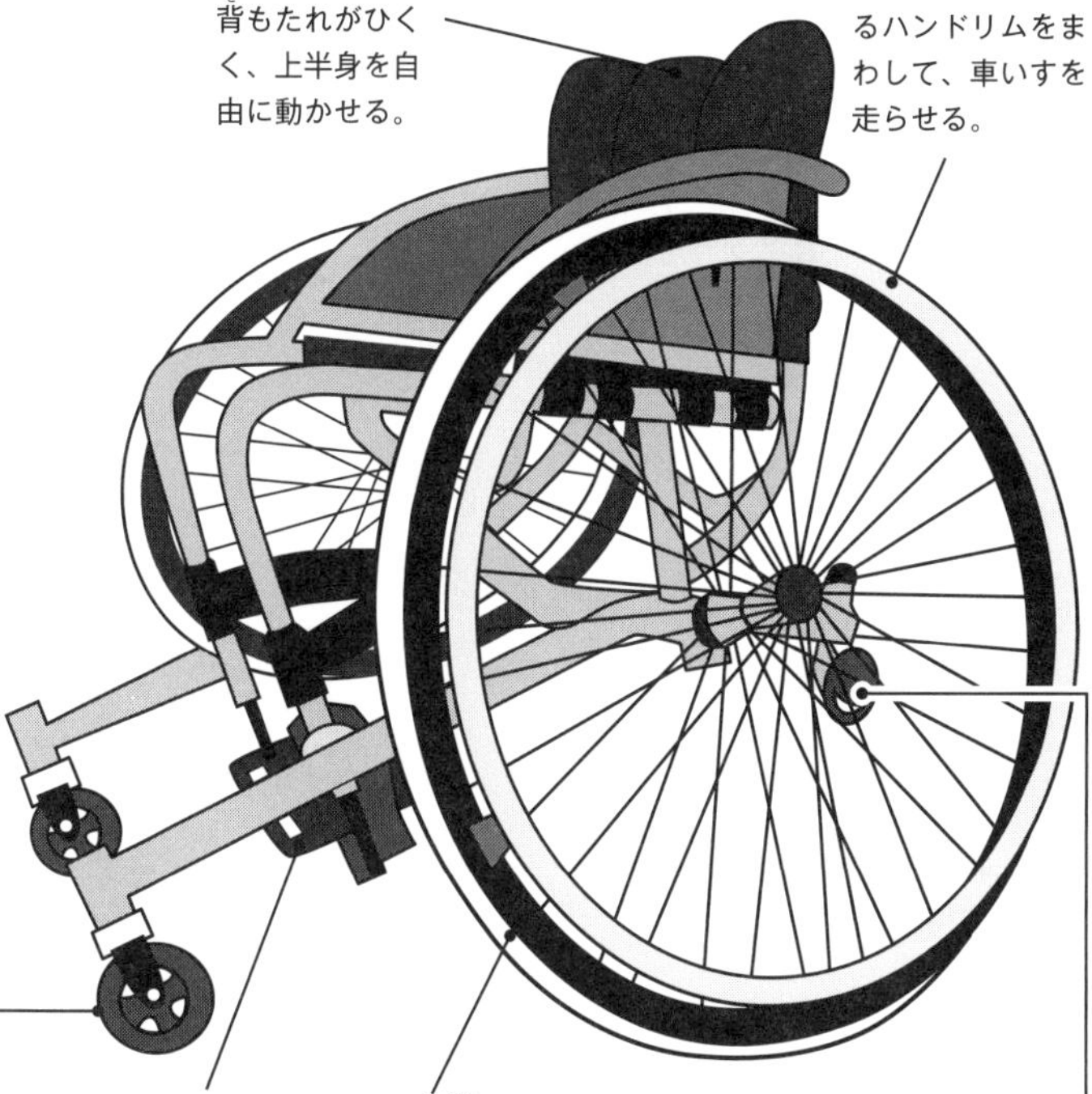
背《せ》もたれ
背《せ》もたれがひくく、上半身を自由に動かせる。
ハンドリム
タイヤの外側《そとがわ》にあるハンドリムをまわして、車いすを走らせる。
フットレスト
足を乗せるところ。
ハの字形《じがた》のタイヤ
タイヤは角度をつけたハの字《じ》の形になっている。タイヤが傾《かたむ》いていることで、回転の性能《せいのう》があがり、すばやいターンができる。
転倒防止用《てんとうぼうしよう》キャスター
バランスを崩《くず》して後ろへ倒《たお》れないようにキャスターがついている。サーブのときも安定する。
キャスター
車いすを安定させる。

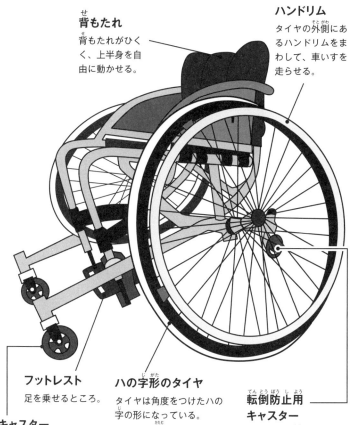

文・金治直美（かなじ・なおみ）
埼玉県生まれ。日本児童文芸家協会会員。ファンタジーを中心とした創作物語とノンフィクション物語を多く手がける。著書に、『知里幸恵物語　アイヌの「物語」を命がけで伝えた人』（2016年、PHP研究所）『となりの猫又ジュリ』（2017年、国土社）など多数。

Special thanks　国枝慎吾　齋田悟司　眞田 卓　濱田宗則　物部賢治

協力　丸山弘道　三木 整　三木直実　羽手原清美
一般社団法人 日本車いすテニス協会
トヨタ自動車株式会社

写真提供　兵庫県車いすテニス協会（p68.93）
三木拓也　三木 整　三木直実　トヨタ自動車株式会社
（p68.93.106.107.120 以外）

企画・編集　株式会社 童夢

パラリンピックのアスリートたち
乗《の》りこえた壁《かべ》の先《さき》に——車《くるま》いすテニス 三木拓也《みきたくや》

2018年3月15日　初　版　　NDC783 143P 20cm

作　者　金治　直美
発行者　田所　稔

発行所　株式会社　新日本出版社
〒151-0051　東京都渋谷区千駄ヶ谷4-25-6
03（3423）8402（営業）
03（3423）9323（編集）
info@shinnihon-net.co.jp
www.shinnihon-net.co.jp
振　替　00130-0-13681
印　刷　亨有堂印刷所　　製本　小泉製本

落丁・乱丁がありましたらおとりかえいたします。

ISBN 978-4-406-06230-5　C8375　Printed in Japan